CUANDO DE CHINGAR SE TRATA

Soyka Brown

Para mi esposa, en cuyas pláticas
no siempre está de acuerdo
conmigo; pero su óptica
me fue invaluable.

PREFACIO

No considero fácil tratar de autodescribirnos como personas individuales, mucho menos como colectivo, y todavía más difícil como mexicanos.

Lo expuesto en este libro, representa mi paradigma con respecto a lo que observo y vivo. No puedo hacer aseveración absoluta (aunque este libro dé esa apariencia) para todos los mexicanos, pues el muestreo de población que observo y con la que convivo es muy pequeña.

Hago mucho uso de la frase "estupidez colectiva". Se darán cuenta, que dicha frase no la aplico solo a nuestros compatriotas, pues lo considero un fenómeno global; en menor proporción tal vez en algunos países, sin que estos dejen de padecerlo del todo.

Es muy probable que en algunos argumentos expuestos aquí, pueda estar completamente equivocado; peor aún, que algunos argumentos ni tengan sustento: he tratado hasta donde me es posible, que no sea así.

Lo aquí expuesto, no está escrito por un historiador, sociólogo, maestro en ciencias, analista político, o cualquier otro experto en cualquier materia; está escrito por un ciudadano común y corriente hasta donde es posible clasificarme así.

Si algún (o algunos) experto en cualquier materia, hace pedazos las argumentaciones aquí expuestas, habré ganado mucho en la intensión de escribir todo esto, ya que siempre es sano la exposición de algún error por un lado, y la corrección por el otro.

Al igual que yo (un ciudadano común), muchos deberían exponer la manera de como ven las cosas, aunque potencialmente puedan estar en un error. Estoy seguro que muchos expertos al observar lo anterior, encontrarían la manera de explicar al vulgo en base a la razón la corrección de los mismos.

Tengo la impresión que muchos compatriotas se sentirán agraviados por la forma en que expongo algunos temas. Pensarán que no quiero a mi gente; aunque la verdad es que siento una auténtica preocupación y pena por lo que veo como realidad.

Creo que muchos mexicanos sienten esta misma preocupación; lamentablemente no lo exponen en ninguna forma, y quienes lo hacen, todavía son muy pocos.

Con todo y lo que expongo, aun cuando muchas cosas no me gusten, ni esté de acuerdo, soy consciente que para bien o para mal, soy el resultado de todas mis experiencias y de lo que he vivido. Me tocó nacer y crecer en una extensión territorial de este país, y eso no está ni estuvo bajo mi control, al igual que para los demás; por lo tanto jamás renegaría de lo que somos (aunque lo parezca).

Para completar esta parte, durante el transcurso en el que escribí este libro, me alegra haber contado con la invaluable aportación del Doctor César Migoni, quien evitó que expusiera muchas barbaridades sin sentido; pero que de cualquier forma tal vez por omisión me empeñé en exponer otras.

Para empezar

Me gustaría que la definición al verbo que hago mención en este libro, lo buscaran ustedes mismos en sus diccionarios, o en el internet. Lo importante no es el término en sí, sino el significado que representa en nuestras vidas diarias en México, y probablemente en todos los lugares de habla hispana.

Esto no es una exposición de chistes ni albures mexicanos. La intención es hablar acerca de nosotros mismos a través de este verbo, y desde luego, también de otras cosas.

Vivimos en un mundo altamente competitivo. Se dice a menudo: ¿Competitivo contra quién, o a favor de quién? ¿Significa esto que unos tendrán mejores beneficios que otros por contar con mayores capacidades y/o recursos, mientras otros quedan rezagados por lo opuesto? En pocas palabras: ganadores y perdedores.

En México, en la práctica diaria, muchos de los supuestos ganadores no es porque tengan mayores capacidades, recursos o talentos, sino porque saben utilizar muy bien el verbo; se chingan a los demás.

Lo grave es que estos, lo ven como un acto normal, común y corriente; incluso algunos hasta alaban el hecho de que se logren objetivos de esta manera: chingando a los demás.

El verbo forma parte de la vida de casi todos (Procuro no incluirme; incluso, estoy en contra). Es tal vez inconscientemente parte de nuestra formación, y siendo así, mucha gente lo defiende. Se extiende a todos loes estratos psicosociales, económicos, educativos, empresariales, y no se diga, los guberna - mentales.

Con este verbo taladrando nuestro subconsciente y el inconsciente desde que nacemos, estamos condenados al fracaso colectivo para muchas generaciones por venir. La gran mayoría acuna en su subconsciente, que para lograr lo que consideran éxito en sus vidas, tienen necesariamente que perjudicar a terceros; de hecho si alguien no procede de esta forma, se le puede considerar retrasado o tonto.

Hay maneras de sublimar esta acción para no sentir culpas: una, es no querer darse cuenta de lo que hacen; otra es auto convencerse de que lo que hacen es por el bien de los demás, sintiendo menos culpa creyendo en Dios y cumpliendo con la iglesia.

Acompañado de este verbo, existe una inducción a través de un sinnúmero de mentiras inculcadas con las que crecemos, y que a fuerza de repetición, terminamos creyendo. Por ejemplo: "Los Mexicanos somos altamente solidarios". Evidentemente esta sentencia es una contraposición al verbo con el que nos hacen crecer; si somos altamente solidarios, ¿por qué tenemos este tipo de país? ¿Por qué nos la pasamos chingándonos unos a otros? Procuraré no mencionar mucho la palabra que refiere nuestro título.

El agobio

Al terminar el día, ¿llega usted a su casa con ganas de hacer nada? Aún cuando su jornada laboral no fue tan pesada, que sé muy bien que no siempre es así, y aún así, llega con ganas de hacer nada. Si usted, es un empleado de cualquier tipo: jornalero, burócrata, gerente, etc., supuestamente su jornada es de 8 horas. Pregúntese lo siguiente: ¿realmente es de 8 horas?

Generalmente la hora de entrada es algo fijo, pero desde que usted se levanta ya está laborando al prepararse para ir al trabajo, porque no se baña y se viste sólo para verse bonito, sino porque normalmente tiene que vender una buena presentación de su persona. Desayuna porque no puede darse el lujo de hacerlo en su trabajo, aparte el tiempo de traslado que consume, más el de los estancamientos del tráfico, que le llevará otro tanto que de antemano tiene que estar programado. De modo que dependiendo del tamaño de la ciudad que usted viva y la organización del diseño o desarrollo urbano que esta tenga (que para fines prácticos, ninguna realmente la tiene), desde que usted se levanta, se prepara y se traslada al trabajo, puede llevarle dos horas del día. Esto es sólo en la mañana, sin contar que a veces es usted quien tiene que llevar a sus hijos a la escuela, y esto es ya otro trote. Para el regreso del trabajo, puede llevarle otra hora; en el mejor de los casos un promedio de 30 minutos.

Si su jornada de trabajo es continua, las horas de estar trabajando pueden ser de 8 a 10 horas y media; esto es el 41% del día. Si el horario de su jornada es quebrado porque su empresa cierra dos horas en medio día, con el pretexto de que hay que ir a comer, ya se extendió dos horas más. Muchas empresas no cuentan el tiempo de colación como parte de la jornada laboral.

El sueño es un proceso fisiológico reparador, necesario, y naturalmente obligatorio, que en lo personal, no considero que durante este tiempo estemos gozando de la vida. Reconozco que dormir estando cansados es un placer, pero en el transcurso del sueño no estamos vivos en forma consciente; entonces el número de horas que estamos vivos en forma consciente son aproximadamente un promedio de 16 horas.

Así es. Se está dando cuenta que realmente trabaja diariamente 10 a 12 horas como mínimo; esto representa alrededor del 62-75% de su vida consciente.

De cada día laborable, si bien le va, sólo tiene 4 ó 6 horas para hacer algo que a usted le guste; ya sea convivir con su cónyuge, si es que lo tiene; educar o disfrutar a sus hijos, etc. Todo lo anterior si aún le quedan ánimos.

Vamos al inicio de cualquier jornada laboral: ¿En que condiciones llega a su trabajo? Desde que salió de su casa, empezó a luchar con el tráfico, si es que usted tiene automóvil; contra la tensión que le produce cuando ya cayó y pisó un bache (aunque no lo perciba en forma consciente, el subconsciente está trabajando); más la bajada de velocidad forzosa porque ya colocaron un tope; si usted vive en una zona tórrida, es empleado, no gana mucho y en su automóvil va sin aire acondicionado, llegará empapado de sudor; si es empleado y usa el transporte público, con la tensión de que éstos difícilmente cumplen una agenda en tiempo, tiene altas probabilidades de llegar tarde, y con ello vienen los descuentos y sanciones por no llegar temprano. Imaginen nomás esto. De por sí en México los sueldos no son muy boyantes.

Con respecto a sus jefes, que en su gran mayoría también son empleados, llegan con el mismo agobio que los demás, y sin darse cuenta, empiezan a desquitarse con sus subalternos (Créanme que estoy seguro que ni ellos se dan cuenta), y eso que ni siquiera empiezan realmente las labores.

Con todo este panorama matutino, hay que empezar a atender a los clientes con una sonrisa y singular alegría, porque la empresa dice que hay que ponerse la camiseta: el agobio empieza desde el inicio del día. ¿Todo lo anterior es normal? ¿Es natural? ¿Tiene que ser así la vida?

Los mejores años de nuestras vidas pueden irse en un empleo que nos va a quitar la creatividad, nuestros sueños, nuestras capacidades para hacer cosas nuevas, y sobre todo, una de las cosas mas importante: tiempo. Aun cuando el empleo sea aparentemente bien remunerado. ¿Hay forma de atenuar todo lo anterior? ¿Qué es lo que verdaderamente nos está chingando?

Al pedir opinión antes de publicar este libro, se me hizo la observación que el inicio suena pesimista y desolador. Creo que muchas partes de esta publicación continuarán pareciendo así; aunque no es la intención. La razón por la que hablo del agobio, es porque lo considero un factor relevante en nuestras vidas diarias; esto repercute de la peor manera en todas las familias, que en teoría es el núcleo de la sociedad.

Si realizamos la suma del agobio, más sueldos bajos, más vivienda de espacios reducidos, más la falta de tiempo y ánimo para mejorar el entorno, más otras cosas que seguramente estoy obviando, el resultado por consecuencia natural, no puede ser bueno. Tratando de no ser pesimista, mencionaré otros tópicos que pueden estar vinculados con el tema; aunque creo que mucho del aspecto pesimista nos lleva a *Cuando de Chingar se Trata*.

Los Procesos de Enajenación y la Transitoriedad.

Este par de términos no son míos: Enajenación y Transitoriedad. El primero lo tomé de "Erich Fromm", de su libro *Psicoanálisis de la Sociedad Contemporánea*, y el segundo de "Alvin Toffler" de su libro *El "shock" del futuro*. Estos dos términos, no explican por sí solos el agobio que anteriormente mencioné, pero me ayuda a dar forma a los contextos que trataré de explicar.

Muchos entienden el éxito como el resultado, o consecuencia feliz o agradable de una actividad emprendida. Esta actividad emprendida puede ser familiar, personal, profesional, empresarial, gubernamental, etc. En el subconsciente colectivo, el éxito se traduce en lo económico: más elegantemente llamado "libertad financiera" para que no se oiga tan mezquino el deseo de ser rico; esto último, para mí no tiene nada de malo.

Pruebe conversar con sus conocidos acerca del éxito; se dará cuenta que al final todo lo traducen en lo económico. Mucha gente percibe que no ha tenido éxito mientras no logre una casa propia, asegure el estudio de sus hijos, una cuenta bancaria con buenos fondos, autos nuevos, vacaciones por lo menos una vez al año, etc. Buena parte de estas personas son empleados; unos mejor pagados que otros, pero la situación es la misma: los mismos deseos, y el aferre al ingreso seguro. Se comprometen a un financiamiento a 30 años para pagar lo que ellos llaman la inversión de su vida: su casa.

El financiamiento pagadero a 30 años de una casa, que en lo personal considere decente, representa un egreso mensual aproximado de $15,000.00 pesos, (estamos en el año 2015 al momento de escribir este libro). Las madrigueras de interés social para el resto de la población será tema de otro capítulo.

Las personas que obtienen estos financiamientos, después de 15 años de estar pagando, normalmente ya andan arriba de los 40 años de edad. Si la empresa donde trabaja no quiebra, ésta misma ya está en miras de buscar gente nueva, por lo que se vuelve candidato a ser despedido con todas las de la ley. Imaginen quedar endeudado para 15 años más, y sin empleo. Agreguemos que para estas fechas sus hijos ya van a la universidad, y los que decidieron no ir, requieren ayuda para desarrollar proyectos propios.

Si este empleado es despedido, y no desarrolló proyectos propios (porque además tenía bien puesta la camiseta), está condenado a la banca rota. La institución financiera no está obligada a devolverle el dinero que ya pagó, y si no paga, esta última tiene el derecho de quedarse con el inmueble (Lo legal no es sinónimo de justicia). Así es la vida: estas historias no son aisladas, ni son leyendas urbanas.

Vuelvo al punto: ¿Todo esto es natural? ¿Por qué casi toda la gente lo acepta? ¿Por qué la gente toma estos riesgos tan desmedidos, todo en nombre de un aparente éxito?

Imaginemos al personaje anterior. En su imaginación, póngale el nombre que usted guste (falta y que sea usted mismo). Vamos a pensar (optimistamente) que tenía un ingreso mensual de $55,000.00 pesos. A partir de este ingreso, realice un flujo financiero para deducir como era su vida. Pagaba un financiamiento de $15,000.00 pesos para una casa, modesta si quiere, pero confortable; los gastos de la misma andan por los $5000.00 por mantenimiento, electricidad, teléfono, etc; dada la casa que tenía, pago de financiamiento por tres carros, $9000.00; como es una persona sujeta de crédito, las tarjetas bancarias se las ofrecían por todos lados, y las aceptaba todas; nunca entendió que no era dinero propio, por lo que los pagos mínimos oscilan en otros $15,000.00; el resto le queda para la despensa. En conclusión: lleva una aparente buena vida, pero siempre con los calzones amarrados con chicote. Todo lo que acabo de describir, es un proceso psicomental que se le llama *proceso de enajenación*.

Eche un vistazo a todos sus allegados. Todos quieren un vehículo más nuevo aunque el que tengan sea de modelo reciente y funcione bien; la última computadora con el procesador más rápido y la marca de moda; hablando de moda, lo mismo pasa con la ropa; el último componente de sonido, y otras cosas más.

Acompañado del proceso de enajenación, nos acompaña y nos da más al traste la transitoriedad de todas las cosas, pues resulta que casi todo se vuelve desechable; el último componente de sonido, la computadora, la moda, quedan obsoletos en un lapso muy corto. Este lapso, muchas veces son sólo meses, y a veces semanas, de modo que el impulso de consumo se vuelve muy poderoso. Piense en la vida del hombre que acabamos de describir; no solamente desde el punto de vista financiero, sino el tiempo de existencia que utiliza para pagar todo esto: y todo, ¿para qué?

No se desanime al leer todo esto. Expondré también ideas que nos pudieran ser favorables. No estoy incitando en decirles que sus vidas son una porquería y que se los esté recordando. Si alguien ya se está enojando al leer esto, créame que estoy logrando cierto objetivo. Si a otros les causa gracia, lo lamento por ellos.

Con respecto a si todo lo anterior es normal o natural, alguien me aclaró que lo normal es lo que sigue la "norma" (No sabe cuanto se lo agradezco).

En cuanto a los horarios de trabajo, los sueldos bajos, transporte público a base de chatarra con guardafangos aplaudiendo, créditos a 30 años para madrigueras que se usan como vivienda y algunas cosas más que seguramente estoy obviando: pues sí; todo esto sigue la norma y hace que todo esto sea normal.

Los horarios laborales, junto con los sueldos que se perciben, desde mi óptica, raya casi en la esclavitud; legalizada si lo quieren ver así, pero esclavitud al fin. Entonces, se me ocurre pensar que la esclavitud en México es normal, pues sigue la norma, y lo peor aún: Es legal.

Actualmente, la esclavitud lo percibimos como algo extremadamente inhumano, pero no olvidemos que en la práctica, en el imperio actual no hace mucho fue abolida. La esclavitud ha existido en muchos pasajes de nuestra historia, sobre todo en la era antigua y moderna inmediata; curiosamente no hay mucho registro de la misma durante el medioevo, que la consideramos en términos generales una época de oscurantismo, o tal vez existía en forma de feudalismo.

Pues sí: en México, la forma de esclavizarse, enajenarse, transportarse y vivir, es normal (No creo que el resto de todos los países salgan muy bien librados de esto). El gran problema es que no logro verlo como algo natural. Este último punto, no lo pienso soltar; lo seguiremos tratando mientras avanzamos en todo lo que sigue.

Nuestra Educación

El día de hoy (junio del 2015), leí en el periódico que el Instituto Nacional de Estadística, Geografía e Informática (INEGI), reporta que los mexicanos leen poco menos de cuatro libros al año. La opinión sobre esto, la dejo a su criterio. No me preocuparé en si es o no cierto.

En nuestro país, como en muchos otros, se sobrevalora mucho la educación universitaria; entonces ¿qué valor le damos a la educación previa a la universitaria?

En mi seguramente modesta opinión, la educación universitaria no es, ni debe ser para todos. Sé que la primera impresión sobre este comentario es que poseo un alto espíritu de discriminación; créanme que conforme vayan leyendo este documento, no hay nada más lejos de la realidad.

Una cosa es el derecho a la educación en cualquier nivel, y otra es la capacidad que se tenga para asimilarla, cultivarla y desarrollarla. En la actualidad, soy testigo de profesionistas que no saben hablar, leer, ni expresar sus ideas en forma correcta, y desafortunadamente, no son unos cuantos para decir que son excepciones: son muchos. Aun así, algunos son funcionarios públicos de alto nivel o gerentes de grandes empresas; en muchos de ellos, percibo que no leen siquiera un libro al año; también muchos de ellos, curiosamente son desempleados de su propia profesión y desarrollan otra actividad laboral muy distinta a su título. Aclaro que el desempleo de muchos profesionistas no se debe únicamente a la ineptitud, ya que también hay profesionistas incluso con coeficientes muy altos que, al parecer, en nuestro país, esto condena más que ayudar. Luego abordaré este último tema conforme vaya avanzando.

Un avance que trasciende en la humanidad, es su historia; esta inicia con la invención de la escritura. Solo tenemos unos cuantos miles de años de historia escrita. El lograr escribir, conlleva a manifestar y describir nuestra existencia y nuestras ideas. Para lograr descifrar las ideas de quienes las describen, se requiere una correcta interpretación a través de la lectura; entonces, saber leer y escribir es altamente elemental y necesario.

Si la forma en la que estoy redactando y manifestando mis ideas, alguien juzga que no es correcta, no es que no me importe; puedo culpar al sistema educativo mexicano que me llevó a hacerlo en forma deficiente (de hecho ha sido así; me he llevado un chasco terrible al ir escribiendo todo esto); además, no soy escritor de profesión, pero tampoco me exime para que no aprenda a hacerlo.

Actualmente en nuestro país se habla mucho de la Reforma Educativa. Hasta ahora, no logro entender bien cual es la idea; quizá mi coeficiente no es suficiente para comprenderlo. Se insiste en que todo el personal del magisterio debe someterse a una evaluación para medir su *status* académico; suponía que tal evaluación se realizaba desde antes de la graduación de los mismos para avalarlos con el título correspondiente, y que subsecuentemente, no sólo se les tiene que ir reevaluando, sino que se les tiene que ir actualizando de acuerdo a los avances sociales, técnicos, científicos y geopolíticos.

Me pregunto: ¿El Estado ha cumplido su parte con las actualizaciones y retroalimentación que he mencionado? Estoy casi seguro que no, o si lo ha hecho ha sido de manera parcial o deficiente, a juzgar por los resultados. Por otro lado, ¿los maestros han sido realmente responsables en exigir su retroalimentación académica, o lo han intentado por sus propios medios? La realidad es que nadie ha cumplido con su parte responsablemente. La consecuencia es que la mayor parte de los mexicanos no saben leer ni interpretar correctamente lo que leen, si es que alguna vez lo hacen (a excepción de los letreros, y ocasionalmente ni eso, porque están mal redactados).

Desde el punto de vista académico, la base del aprendizaje es la correcta capacidad de interpretación de la lectura; de nada sirven excelentes catedráticos si el alumnado no tiene capacidad para leer, y mucho menos de interpretar la información previa al aula de clases. Todavía a nivel universitario, buena parte del alumnado cree que es obligación del catedrático enseñarles todo lo que les hace falta. El aula debería ser sólo para retroalimentación del conocimiento y solución de dudas; mejor aún: exponer nuevas ideas, que aunque en principio muchas de ellas puedan sonar como locura, pueden ser las puertas hacia otro tipo de desarrollos.

Un correcto aprendizaje de la lectura, con el tiempo, estimula nuevas interconexiones neuronales, mejora nuestra capacidad de asociación, interrelacionamos un concepto, o una idea con otras (inteligencia es interrelacionar). La lectura forma parte de una de las herramientas para nuestra plasti - cidad cerebral. Para abundar en esto de la plasticidad, la red ofrece mucha información al respecto, les sugiero su lectura.

Conforme leemos más, con el tiempo, en forma imperceptible, lo vamos haciendo a mayor velocidad debido al aumento de interconexiones neuronales; los procesos de interrelación se hacen más rápidos; la capacidad de comprensión se hace más ágil; cuesta menos trabajo. Créame que si no inician la lectura frecuente, habitual, en algún momento, permanecerán donde están y quizá jamás aprenderán algo que valga la pena. La condena será aprender sólo con base a su experiencia diaria; criticarán siempre a las mentes que ustedes mismos, inconscientemente, perciban superiores comparadas con las propias, y peor aún: las verán como amenaza, porque en su subconsciente saben que realmente lo son, pues poseen más capacidades que ustedes.

¿De qué manera contrarrestan los imbéciles a las personas bien educadas? Pues chingándoselas.

No exijo que crean lo que están leyendo, pero por lo menos es necesario autoanalizarse y ser honestos en reconocer en qué *status* de educación y principios están parados. En un ambiente donde la estupidez es colectiva, la gente brillante, que debería ser considerada tesoro de la nación, termina abandonando nuestro país.

No pido únicamente su autoanálisis, sino que analicen concienzudamente a sus padres, hermanos, cónyuges, amigos, vecinos, funcionarios públicos, presidentes de la república, etc; caerán en cuenta que la mayoría conocen muy poco, o de plano no saben

nada de nada; sólo aquello acerca de sus vidas diarias, sus chistes, el buen rato y sus opiniones inducidas por los medios de comunicación; generalmente no son conscientes siquiera, que sus opiniones no son más que una copia repetida de lo que escucharon en la radio y televisión o leyeron en un periódico, si es que lo leyeron.

Todo lo anterior es transgeneracional. Percibo que en buena medida de los malos hábitos en nuestras casas no las heredamos; las adoptamos. Obviamente porque resulta más cómodo. Piense, ¿cuándo y como sacaremos este país de donde está? Definitivamente, debemos aprender en base a nuestra experiencia, y todos los antecedentes históricos, que chingando uno al otro no ha sido la solución.

Imagine que surgieran generaciones de niños, que a partir de segundo año de primaria, pudieran leer por lo menos cuatrocientas palabras por minuto; que leer, para ellos, fuera simple, sencillo y normal, abordando aquellos puntos de interés propios como tecnología, matemáticas, arte, literatura universal, historia o cualesquiera otras áreas de su interés, en virtud que la lectura no sería un asunto aburrido por resolver. Imagine la plasticidad cerebral de estos mazacotes de barro; sería una maravilla, ¿cierto? pero la realidad es otra.

Al momento de estar escribiendo esto, el procesador de texto me cuenta un total de tres mil seiscientos sesenta y nueve palabras. Si usted es de las personas con capacidad de leer a una velocidad de por lo menos cuatrocientas palabras por minuto, llegar hasta a este punto no le llevaría más de ocho minutos. Si usted posee esta capacidad, entonces cualquier lectura se hace más amena y menos aburrida; lo que es mejor, si lo que está leyendo considera que no vale la pena, se dará cuenta en seguida, y pasará a otros temas diferentes, o incluso a otro tipo de lectura, aumentando así sus capacidades psicomentales.

Se escuchan en la radio anuncios oficiales como: México es el mayor exportador de televisiones en el mundo; uno de los principales exportadores por las armadoras de automóviles; electrodomésticos y otras cosas más. Además hablan de la creación de "empleos de clase mundial". Pues bien, las fábricas de electrodomésticos y de automóviles no son mexicanas, y la mayor parte de las utilidades por estos conceptos se van del país.

Oficial y actualmente, el salario mínimo para la zona B es de $68.28 pesos, y para la zona A de $70.10; esto es el equivalente a $4.47 USD al día para la zona A; es decir, $1631.55 USD al año. Si tomamos de referencia esto: ¿A cuánto ascenderán los sueldos de los empleos de clase mundial que anuncian? Pero, ¿qué tiene que ver esto último con la educación?.

La realidad es que México no desarrolla ningún tipo de tecnología para la vida práctica cotidiana, o lo hace muy poco. Tampoco digo que no se investiga nada. Piensen en que tipo de *psiqué* tienen todas las gentes que aceptan vivir con estas condiciones en este país. Con la falta de educación elemental, y el agobio del diario existir, difícilmente vamos a lograr salir de este atolladero en forma colectiva. Peor aún: el colectivo lo ve como algo normal; que en la realidad lo es y lo percibe como natural. Cuando alguien, más o menos se da cuenta de que algo no anda bien, el colectivo lo ve como algo normal; que en la realidad lo es y lo percibe como natural. Cuando alguien, más o menos se da cuenta de que algo no anda bien, el primer impulso es chingar a los demás para tratar de lograr algo.

Aparte de saber leer correctamente, que es de lo mas elemental, ¿qué es lo mínimo que un joven de educación secundaria y de bachillerato debiera saber como algo común y corriente? Creo que la respuesta no es fácil, ya que los intereses de cada persona se van definiendo en forma distinta durante su desarrollo; sin embargo, hago una lista de preguntas que creo que la mayoría de jóvenes (y también adultos) deberían saber responder.

Plantee las siguientes preguntas a sus jóvenes más cercanos, e incluso a algunos de sus amigos.

¿Qué distancia hay entre la tierra y la luna?

¿Qué perímetro tiene nuestro planeta?

¿Cuál es la velocidad de la luz?

¿Qué es un año luz?

¿Qué es una onda electromagnética?

¿Qué es valencia?

¿Qué edad tiene nuestro planeta?

¿Qué diferencia hay entre ciencia y pseudociencia?

¿Qué es el método científico?

¿Qué significa autótrofo?

¿Qué es fotosíntesis?

¿Cuáles son las garantías individuales más importantes?

Desde el punto de vista de antropología e historia, ¿hace cuanto tiempo que existe nuestra especie?

¿Cuánto tiempo lleva nuestra historia?

¿Qué es el judaísmo, cristianismo y el islam?

Aunque no lo crea, una buena parte de los muchachos requieren de una calculadora para multiplicar por diez o dividir entre uno; no reconocen ni los puntos cardinales; no imagino como hacen para llegar a sus destinos; creo que lo hacen por simple adiestramiento; o peor aún: a veces ni el Google Map pueden interpretar.

La educación de nuestros jóvenes no debe limitarse solo al aspecto cognitivo; se les tiene que capacitar para la persecución de ciertos logros, como una correcta enseñanza psicomotriz para rendimiento físico en deportes; el uso de herramientas como martillos, desarmadores, sierras, taladros; reconocimiento de propiedades de materiales y accesorios. Esto puede iniciarse llevándose a cabo principalmente desde nuestras casas; el desarrollar estas habilidades, promociona potencialmente la transformación de nuestros ambientes, haciéndolos mas agradables a la vista y al gusto de las personas, y quitaría el impulso de ir a hacer graffiti en las bardas.

Si la mayor parte de los jóvenes comprendieran los principios básicos de la combustión interna de los motores, más la adaptación de los componentes electrónicos, serían capaces de diagnosticar las fallas de sus propios vehículos y los de la familia. No conozco a ningún joven que no le cause fascinación la mecánica automotriz una vez que le encuentra sentido.

Niños y jóvenes que comprendan los principios de la electromecánica (que no es nada del otro mundo), son los futuros diseñadores de motores eléctricos de alto rendimiento; los que comprendan la física del movimiento, más la mecánica y sus matemáticas, son los futuros diseñadores de maquinaria para la extracción de nuestro petróleo, arquitectos que diseñarán nnuestras ciudades y los ingenieros que erigirán nuestras construcciones. Todo empieza desde los sencillo, como el martillo en la casa; no hay que tener miedo a un dedo machucado de vez en cuando. Todos estos jóvenes pueden ser diseñadores de nuevas tecnologías; el desarrollo de las mismas es lo que realmente crea fuentes de trabajo bien remunerados; mucho más si las tecnologías son propias.

Pero, ¿qué es lo que realmente pasa?, que la educación no avanza y la culpa la tenemos todos.

Todo mundo sale agobiado por el trabajo; la convivencia con los jóvenes es mínima, y la que hay es de poca calidad. LLega el fin de semana y todo mundo viste los uniformes de sus equipos preferidos para echarles porras frente al televisor desde sus casas; claro, todo el escenario acompañado de frituras y cervezas que compran en los Oxxos, ocasionalmente acompañados de amigos e hijos gordos igual que ellos mismos; al terminar, la tradicional carne asada, con todo lo que esto conlleva. Como es de notarse, para muchos niños y jóvenes esta es la experiencia cotidiana que viven en sus casas; esto aunado a la pobreza de su medio ambiente, crecen y su prioridad es la supervivencia. Entonces, ¿cuál es la motivación que los puede llevar hacia el conocimiento?

Peor aún resulta, si aparte del ambiente de pobreza, sus padres tienen alguna acreditación profesional. Se preguntan: ¿para qué estudio o me esfuerzo si casi seguramente terminaré como mis papás? Es una pena, porque al plantearles preguntas

como las antes enlistadas y no poder contestar ninguna, prácticamente rayan en la estupidez. Debemos tener mucho cuidado porque esta estupidez va en camino a hacerse colectiva; eso, si es que no la estamos viviendo ya con los adultos actuales. Dicha estupidez colectiva es lo que lleva a formar gente que chinga a otra.

¿Qué sucede con los jóvenes que logran entrar a la universidad?

Si entran a una universidad pública, en términos generales, tienen cierta ventaja ya que estas en su mayoría son las que cuentan con más y mejores recursos. El nivel sociocultural y económico de este país, en general, es bajo. Casi todos los estudiantes universitarios son pobres. Pese a que los costos por estudiar en nuestras universidades públicas son simbólicos, los estudiantes tienen un sin fin de ruidos mentales que obstruyen el aprovechamiento de los recursos que la institución ofrece. Estos ruidos son, desde el costo de los transportes, sin contar que estos servicios no tienen una organización confiable en cuanto a horarios para poder llegar en tiempo a los centros de estudio; normalmente asisten mal alimentados desde el inicio del día, y lo que compran y comen en los campus no está regulado ni supervisado; quienes no son oriundos del lugar tienen la preocupación del pago de la renta y el resto de los gastos que esto implica, sin contar que la familia que los envía se restringe económicamente para poder ayudar al miembro estudiante; otros, de plano tienen que buscar un empleo para poder subsistir mientras van a la universidad.

Todo lo anterior, sumado a una mala preparación previa para la universidad, no es una buena combinación; los resultados en términos generales no serán buenos.

Los que van a Centros de Estudios Superiores Privados, (porque no son universidades realmente, en cuanto a que la universabilidad de ideas y pensamiento independiente no son permitidos), se encuentran con que los recursos que estas instituciones ofrecen son enormemente más limitados respecto a las universidades públicas. Por lo regular estos estudiantes no tienen ruidos de tipo económico, aunque van igual de mal preparados previamente. Muchas veces el único requisito son los pagos de colegiaturas y no morirse en lo que dure la carrera.

Lo grave con esto último, es que un gran número de estos egresados ya tienen sus puestos de trabajo asignados por un supuesto prestigio del que goza la escuela de donde egresan. Dicho prestigio, puedo asegurar, que en su mayoría son falsos; quien quiera contradecir esto, sólo intente sostener una conversación más o menos inteligente con cualquiera de dichos egresados.

La universidad no puede ser para todos; desde luego que la oportunidad tiene que ser para todos, pero previamente habría que ser muy escrupuloso en la selección de los estudiantes. Una vez que estos ya han sido elegidos, no deben pasarse por alto las necesidades y requerimientos elementales de estos mismos; se les debería asegurar su hospedaje cuando esto se requiera, su alimentación, y todos los demás recursos para el desarrollo del objetivo de las respectivas carreras.

Quien desde el inicio, pese a todas estas facilidades no ofrezca el rendimiento que se les exige, se le puede expulsar sin ningún remordimiento, ya que le estaría quitando un lugar a otro. Otorgarles esto a los estudiantes que hayan logrado entrar a la universidad, sería considerarlos tesoros de la nación;

esto los obligaría más a cumplir el compromiso.

Lo primero que pensarán muchos acerca de esto, es que mis tendencias son comunistas o socialistas. Antes de continuar, declaro que no me interesa ningún tipo de tendencia política. Otras opiniones se van a encaminar en que la propuesta sería extremadamente cara para asumirla. Sólo piense en cuántos estudiantes pueden ser en total entre todas las universidades; más elementos tiene el ejército nacional, y esos sí que verdaderamente nos sale caro a todos. En cambio, la utilidad a la patria de todos aquellos egresados universitarios bien cultivados y seleccionados, más la riqueza que pueden generar, no tiene comparación. Si quieren darse una idea del nivel psicocultural del gobernador de su Estado, sólo echen un vistazo en cómo tiene su máxima casa de estudios.

Nuestros Servicios Médicos

Para ejercer la profesión de médico, se requiere título y cédula profesional como requisitos mínimos. En México abundan las escuelas de medicina. No tengo la cifra de cuantos médicos se gradúan por año; hasta donde sé, son muchos. No creo equivocarme, pues muchos están desempleados, ya que la demanda privada es poca, y tampoco puede haber lugar para todos en las instituciones públicas de salud.

Me pregunto, ¿qué calidad académica tienen las escuelas de medicina en este país? ¿cómo se evalúa esto y quién lo hace? ¿Recuerda que mencioné que muchos universitarios no saben hablar, expresar ni desarrollar ideas? Pues aunque no lo crea, muchos de estos estudiantes de medicina ni siquiera saben leer bien; jamás han leído nada que no esté relacionado con la medicina; esto si es que alguna vez lo hicieron. El nivel psicocultural de muchos de nuestros médicos es muy bajo. El nivel académico de nuestras escuelas de medicina también han de serlo; aunque, seguramente, debe haber sus honrosas excepciones, por supuesto. Imagino los médicos que estén leyendo esto, se han de retorcer del enojo. Ni modo: la verdad no peca, pero incomoda.

Aleatoriamente, de cada diez médicos con los que platico, ya sean especialistas o médicos generales, ocho no saben absolutamente nada de biología molecular, ni bioquímica; al no saber esto surge la cuestión sobre cómo interpretan cuando leen acerca de farmacología, endocrinología, trastornos metabólicos o simplemente, el desarrollo clínico de cualquier enfermedad.

El nivel académico que ostenta un significativo número de nuestros médicos se reduce al proceso técnico que aprenden durante los encierros brutales que tienen durante el internado y los años de residencia obligados a cumplir para obtener sus respectivas acreditaciones y que además, dichos encierros no tienen nada de académicos.

El conocimiento básico y elemental llega a parecerles una exageración; o incluso decir que eso es para los "maaditos" o *nerds*. Si duda de mis palabras, hagan la misma prueba que yo hago; busquen aleatoriamente a diez médicos, de preferencia que sean conocidos o amigos de ustedes, para obviar sospechas, y no se sientan intimidados al cuestionarles; ya verán el resultado.

El primer logro de un estudiante de medicina es terminar cuatro años de carrera para entrar a un internado de pregrado. En este internado, para fines prácticos, tiene que vivir durante un año en un hospital, realizando sus guardias respectivas. Esto es: no dormirá el equivalente a medio año durante ese año.

La supuesta intención del año de internado es para reforzar la teoría que cursó durante los primeros cuatro años de su carrera; si es que realmente la estudió, pues de la calidad de esos cuatro años hablaré después; para aprender a desarrollar técnicas que sean necesarias para su desarrollo profesional. Hasta aquí, todo parece muy bien, pero... ¿Con que se topa el médico interno? Con las jerarquías.

Sus jefes inmediatos son los R1, residentes de primer año de especialidad, que éstos a su vez también fueron víctimas de otros R1 en su momento, pero que por alguna extraña razón continúan con la tradición (la tendencia a la estupidez colectiva prevalece), argumentando que es por el bien del aprendizaje de los médicos internos. Igualmente, los R1 tienen como jefes inmediatos a los R2, y los R2 a los R3, y los R3 a los R4. Estos últimos, están bajo la supervisión del jefe de servicio de forma tal, que estos, ni por error voltearán a ver al médico interno de pregrado, a menos que le guste alguno del sexo opuesto (generalmente femenino), que nunca falta.

El médico interno, una vez que algún paciente se interna en el hospital, es el encargado de elaborar la historia clínica correspondiente, la nota diaria de evolución, la nota postquirúrgica, si este fue el caso; estar al pendiente de las órdenes de laboratorio y estudios de gabinete; curaciones, y en algunos casos, incluso, hacerse cargo de toma de muestras para el laboratorio; además, atienden todos los partos que lleguen al hospital, a excepción de que sean pacientes privados de los obstetras adscritos porque, aunque no lo crea, algunos hospitales públicos aún los usan como privado para beneficio de los médicos adscritos. Claro; ellos argumentan que benefician al hospital.

La verdad es, que el 90% del aprendizaje por las actividades que realiza un médico interno de pregrado, ya debería saberlo desde antes de entrar a su internado. Por el otro 10% restante que logra aprender, paga un precio extremadamente alto.

El médico interno de pregrado no es otra cosa que una mano de obra institucional que casi raya en esclavismo. No tiene nada de académico. ¿Quién, en su sano juicio, tiene las neuronas al 100% estando siempre desvelado? De hecho hasta resulta peligroso, pues la inducción a errores puede ser muy alto.

Las víctimas del sistema jerárquico no se reduce únicamente a los internos de pregrado, sino a todos los residentes, pues su situación no es muy diferente. Los hospitales tienen una jefatura de enseñanza, la cual organiza sesiones supuestamente académicas; no son otra cosa que recordarles a todos los que están debajo de las jerarquías que son unos idiotas.

Para rematar, el médico interno de pregrado, si quiere ser R1, antes de aprobar el examen para tal efecto, tiene que regalar otro año de su existencia en el Servicio Social, que no es otra cosa, que otro año de esclavitud. Si lo duda, pregunte cuánto les pagan, sin contar que además es obligatorio. En todos estos procesos de años de preparación después de la universidad, saquen cuentas de cuanto se ahorra el estado por esta mano de obra; bien o mal calificada, los médicos en este país hacen una gran aportación a la nación durante muchos años sin prácticamente cobrar nada.

Ahora puede usted explicarse algo sobre el por qué el carácter agrio de casi todos los médicos que trabajan en una institución. No los justifico en absoluto; por el contrario: no me explico como han sido tan sumisos en permitir ser llevados a esta situación. Incluso ni sus propias instituciones los defienden ya; son altamente demandables, y la institución que los exprime se desatiende de ellos. Es una total codependencia, como lo es el caso de la esposa con marido golpeador. Si esto sucede con profesionistas que deberían ser considerados de alto nivel, ¿qué esperar del resto de la población?

Nuestros servicios institucionales, en términos generales, son de pésima calidad. Si lee esto puede darse cuenta desde donde aparentemente puede surgir el problema.

Existen excelentes médicos; desgraciadamente no son la mayoría. El médico institucional generalmente va a estar agobiado por el trabajo, y mal retroalimentado académicamente; además, la mayoría de ellos ya ni les interesa aprender cosas nuevas, sólo jubilarse.

Los servicios médicos son también un reflejo de nuestra educación colectiva. Me enfocaré primero al médico institucional.

Hace algunos meses hubo un evento jurídico donde dieciséis médicos fueron demandados en una de nuestras instituciones por la muerte de un menor. No entraré en detalles si la demanda tiene o no razón; lo interesante es que surgió en el gremio médico el movimiento "soy el médico número diecisiete". Creo que una buena parte de los médicos se sintió vulnerable al darse cuenta que es fácilmente sujeto de demanda.

Una de las principales argumentaciones que me llamó la atención de los médicos que trabajan en las instituciones, es el que ellos trabajan en las instituciones porque aman su trabajo. Si esto es cierto, ¿por qué la mayoría de los pacientes son prácticamente maltratados y mal atendidos? ¿Cómo es posible atender bien a un paciente cuando te asignan por lo menos a veinticinco pacientes para un turno de seis horas? Tienen que atender a cada paciente en un lapso menor de quince minutos; eso en el caso de los médicos de primer contacto, como en medicina familiar.

Cuando los pacientes son referidos a especialidad, estas citas son en lapsos de meses para la primera cita. Quien lea esto y pretenda contradecirlo, sería un cínico. Imagine un paciente que tuvo la suerte de que su médico familiar le haya diagnosticado un cáncer *in situ* (en las primeras etapas de desarrollo), y que haya sido referido a oncología; para cuando logra su cita, pues ya no va a ser *in situ*, sino un cáncer mas extendido y de mayor dificultad terapéutica. Para esto, los especialistas, como muchos de ellos se consideran "tejidos a mano", sólo atenderán a unos cuantos (Lo bueno es que aman su trabajo). Esto explica, en buena medida, la razón de los retrasos de los abordajes médicos.

Los servicios de Urgencias son otra calamidad.

Usualmente, los servicios de urgencias son atendidos por médicos generales. Creo que eso no es el problema; el asunto es que ni estos ni la institución que los contrata, los habilita para tal función. El servicio de urgencias de hecho es una especialidad. En algunas instituciones, de repente, se asignan a ginecólogos, dermatólogos, pediatras y otras especialidades, que no se acercan ni en lo más mínimo en competencia para atender una emergencia grave.

Existen médicos generales excelentes, que se han preocupado por su cuenta en habilitarse a través de diversos talleres para aplicar protocolos en la atención de pacientes graves con excelentes resultados; desgraciadamente, no son la mayoría de dichos médicos generales que trabajan en urgencias, por lo que los primeros que mencioné, los que sí se habilitan, siempre nadan contra corriente. Muchos de ellos se capacitan por la legítima preocupación de hacer bien su trabajo; no siempre por preocupación de la institución. También existen urgenciólogos de especialidad, pero, curiosamente, es extremadamente raro que las instituciones les asignen las jefaturas para esos servicios.

Los pacientes graves que arriban al servicio de urgencias, si llegan a tener la fortuna de ser atendidos con los protocolos bien aplicados, le sigue el siguiente proceso de mala atención. El servicio de urgencias es multidisciplinario; casi siempre se requiere la interconsulta del especialista para que defina el plan de tratamiento definitivo. Como mencioné anteriormente; estos que sienten estar "hechos a mano", irán a evaluar al paciente una vez que hayan terminado sus tres consultas y que, desde luego, no se les olvide; no es raro ver pacientes graves que permanecen más de veinticuatro horas en la sala de urgencias.

Mienten cuando dicen que laboran en la institución porque aman su trabajo; de ser esto cierto, se preocuparían por la misión principal de su trabajo que son los pacientes; exigirían la contratación de más médicos para que se reparta adecuadamente el trabajo; no permitirían los salarios bajos que reciben; no se prestarían a laborar en los cuchitriles que llaman "áreas de trabajo", muchas veces antihigiénicos que les son asignados.

La realidad es que nuestros médicos ya han sido muy mal adiestrados desde su formación; tienen una especie de quiebre psicológico. Es parecido al elefante que puede escapar de un circo y está sujeto con una pequeña estaca clavada en el piso y una cadena sujeta a una de sus patas.; sólo que al igual que el elefante, siente que no tiene a donde ir; en este caso, tiene más razón el elefante. La gran mayoría de los médicos en México, son golpeados desde el inicio de su formación.

Ponga atención que hablo de la mayoría de los médicos; no de todos. Entonces, ¿qué hay de los médicos que no pertenecen a la mayoría?

Conozco médicos generales y especialistas que no trabajan en ninguna institución pública. Muchos de ellos porque no tuvieron oportunidad de ingresar en alguna de ellas; otros porque auténticamente nunca les interesó. Algunos han montado por su cuenta gabinetes de diagnóstico, centros de cardiología, dermatología, pequeñas clínicas para cirugía de corta estancia, e incluso pequeños hospitales. También están los médicos que aparte de trabajar en las instituciones, también trabajan en el sector privado, y otros más que únicamente trabajan en el sector privado.

Curiosamente, los médicos que trabajan en las instituciones, que pregonan que aman su trabajo y que también trabajan en lo privado, pocas veces, por no decir jamás, realizan un acto de servicio social. Son los primeros en no aceptar los aranceles de las compañías de seguros, siendo que muchas veces los pacientes compran estas pólizas para estar protegidos y evitar acudir a una institución de salud pública.

Sobre las compañías de seguros también haré comentarios más adelante.

Los médicos que sólo trabajan en lo privado, muchos de ellos, aunque no todos, son capaces de regalar su trabajo en un momento dado; cosa que no sucede casi con ningún médico institucional. De hecho, muchos médicos institucionales ven con malos ojos la medicina privada; pero cuando tienen la oportunidad de cobrar lo hacen con singular alegría.

Pero, ¿qué hay con el resto de la gente con respecto los servicios de salud? Para empezar, tenemos a una población que normalmente no lee; incluyo a supuestos profesionistas. ¿Qué podemos esperar en cuanto a la educación médica poblacional? Sólo observe lo que permitimos en forma legal que coman y consuman nuestros niños a cualquier hora. La mala nutrición neuronal desde el inicio de nuestro desarrollo nos lleva a consecuencias muy desastrosas. Nuestros adultos jóvenes actuales, aparte de un déficit colectivo de conocimientos, son gordos, muchos de ellos diabéticos, e hipertensos. Las salas de espera para la consulta de medicina familiar en nuestras instituciones siempre está llena, y cuando no hay lugar, los derechohabientes ocurren al servicio de urgencias para ser atendidos; las salas de urgencias son para atender pacientes graves.

La inteligencia de nuestra gente no alcanza a comprender que un cuadro de tipo gripal, o un dolor de garganta no es una emergencia grave; de hecho, la atención de uno de estos malestares, puede quitar o retrasar la atención a un paciente en estado crítico; pero todo esto lo permite la misma población, los médicos y las autoridades de la misma institución.

Otra situación es la relación de las empresas, ya sean públicas o privadas con respecto a las instituciones. Cuando una empresa lleva a un empleado lesionado, por el mismo riesgo implícito de trabajo, la cuota que cobra la institución por dicho riesgo no se aplica exclusivamente a la cuota del trabajador, sino que es pareja para toda la planta laboral de la empresa. Imaginen una compañía que tiene cientos de trabajadores. Algunas empresas para evitar esto, prefieren pagar la atención de la lesión en un servicio particular y la correspondiente incapacidad interna; otras los llevan a instituciones públicas o a la Cruz Roja; estos últimos, de plano socavan los derechos de sus empleados.

La mayoría de los empleados están peor aún, pues al no leer nunca nada, permanecen en la ignorancia y desconocen hasta dónde llegan sus derechos.

Como ejemplo: si alguno de estos trabajadores sufre un ataque cardíaco, muy probablemente es candidato a cateterismo; si la unidad donde es atendido no cuenta con servicio de hemodinamia, debe ser transferido a una unidad donde lo haya, ya sea de la misma institución o subrogado en el área donde vive; no obstante, ¿qué pasa con este tipo de pacientes? Muchos de ellos sólo sobreviven al infarto con el tratamiento conservador; la de mayoría de estos, ni siquiera se les asigna a una unidad de cuidados coronarios, y en el mejor de los casos, se les programa para un cateterismo dentro de algunos meses; menos mal que supuestamente es una emergencia.

Definitivamente, los derechos no funcionan en forma automática; sólo alguno que otro que "llega a hacer ruido", se le brinda la atención adecuada. Insisto: la población en general, desconoce hasta dónde alcanzan sus derechos. Repito: ¿de donde sacan los médicos institucionales que ven y permiten que suceda todo esto, que aman su trabajo?

Diariamente regresan a trabajadores a sus labores con diagnósticos no realizados de neumonía, cáncer detectados en estadios muy avanzados, y que si lo detectan en forma temprana, de todas maneras serán atendidos en forma tardía, igualmente fracturas desapercibidas, etc. Estas historias son de todos los días; no son inventos míos. Tan sólo indague entre algunas personas que trabajan en empresas de cualquier tipo.

Respecto a las compañías de seguros para gastos médicos, mucha gente compra pólizas para evitar la atención institucional pública, y desde luego, para evitar altos costos de atención por la medicina privada. En estos casos, las compañías de seguros de plano se lucen en forma abusiva respecto a los tabuladores para los honorarios médicos; cometen una total falta de respeto hacia esta profesión.

Podemos pensar que los médicos que aceptan estos tabuladores son unos idiotas, pero no sólo es eso; como ya mencioné, muchos médicos del sector privado hacen lo posible para poder ayudar a sus pacientes, cosa que no sucede con la mayoría de los médicos institucionales, que también trabajan en lo privado; estos últimos, prefieren dejar en la ruina a sus pacientes (de hecho muchos lo hacen).

Lo más lamentable es que nuestro gobierno federal, que es en teoría el principal defensor de nuestras instituciones, contrata pólizas de gastos médicos mayores para sus empleados. Ignoro cuántos empleados federales tiene nuestro país, pero la cantidad que sea, multiplíquelo por el costo de cualquier póliza de seguro de gastos médicos mayores y se dará cuenta de cuanto dinero se va en eso; no obstante, aseguran que no hay presupuesto para mayor contratación de médicos en las instituciones, ni para mejorar las instalaciones. Claro está que si un secretario de estado se infarta, definitivamente no lo llevarán a ninguna institución pública por razones obvias; casi siempre son trasladados en ambulancia aérea a Houston, Dallas o Nueva York; así como los hijos de ellos tampoco recibirán educación en una escuela pública, ni serán atendidos en las instituciones públicas de salud. Estoy seguro, que la óptica de nuestros funcionarios de cualquier nivel, es que las instituciones públicas de salud y educativas son para la "plebe"(y de hecho lo son).

Hace poco vi un documental de hospitales veterinarios en Estados Unidos. Resulta doloroso ver que hay más pulcritud en las instalaciones de dichos hospitales, y más profesionalismo en la atención de las mascotas en el primer mundo, que en las instituciones públicas para la salud humana de mi país. Si esto no es chingar, entonces no sé que es.

¿Quiénes nos proporcionan los servicios prehospitalarios de emergencias, y traslados de pacientes críticos? En toda la república, aparte de algunas asociaciones civiles, quien principalmente hace este trabajo es la Cruz Roja. Hasta donde tengo entendido, la intención de La Cruz Roja es la intervención en tiempos de crisis bélica y desastres naturales. La sede central internacional está en Suiza. Llama la atención que en ningún país europeo, Estados Unidos, Australia, Nueva Zelanda, o cualquier país desarrollado, se vea alguna ambulancia de Cruz Roja.

En teoría (y vaya que lo es), todos los ayuntamientos, deberían de proporcionar este tipo de servicios a la ciudadanía, igual como son proporcionados los servicios de bomberos, policía, recolección de basura, agua potable y alcantarillado, etc. Esta función, prácticamente queda delegada a Cruz Roja; además es permitido que se organice cualquier asociación civil que quiera dar este tipo de servicios, sin control de acreditación profesional para tal función.

Cruz Roja recibe donaciones y organiza una colecta anual, donde el Presidente de la República la inaugura aportando su donación simbólica.

Cruz Roja en México no es una asociación civil; está registrada como una institución de asistencia privada, que hasta el momento no me queda claro que es eso. No da cuentas ni informe de lo que reciben, ni sobre cómo se emplean los recursos económicos. El punto central de sus estatutos es el voluntariado; esto quiere decir que no tiene empleados; además, no paga impuestos; la gente que trabaja en Cruz Roja no recibe técnicamente sueldo, se le llama compensación, y en el caso de la gente que trabaja en las ambulancias, sé y me consta que la compensación es casi nada; el personal, al cumplir horarios y obligaciones, cuando llega a existir un despido injustificado, la ley federal del trabajo procede; en el contexto práctico, el alma de sus servicios son las ambulancias.

Respecto al personal que trabaja en las ambulancias, algunos de ellos llegan a obtener alguna certificación por parte de la misma institución que, al parecer, aún tienen problemas para que la Secretaría de Educación Pública la avale. Tal certificación consiste en un curso de aproximadamente seis meses, y en algunos lugares los cursos son únicamente los fines de semana, y se les acredita como Técnicos en Emergencias Médicas nivel I.

En un sistema integral de emergencias médicas, los servicios prehospitalarios son de vital importancia, ya que estos en buena parte de las emergencias, las víctimas de cualquier percance son atendidos por estos servicios. Al conjunto de todas las autoridades, principalmente las de salud, seguridad pública y presidencias municipales, parece no importarles a qué tipo de personas estamos confiando la atención de pacientes graves, previo a ser entregados a una sala de emergencias. Lo más cómodo y fácil es delegar la responsabilidad a la Cruz Roja, de este modo se obvian el gasto que esto representaría a los ayuntamientos. En mi opinión, es una total indolencia e irresponsabilidad bien compartida, sumada a la indiferencia de toda la población.

Parece ser que Cruz Roja no puede mantenerse sola; al menos en el Estado donde vivo, siempre se haya en crisis de recursos.

El trabajo de los paramédicos tiene que convertirse en una actividad técnica profesional; es necesario formalizarlo y sacarlo del servicio voluntario, en virtud de que esta actividad implica una responsabilidad muy alta (solamente es el cuidado de pacientes graves en movimiento); es un trabajo que ningún profesional de la salud querrá hacer; es más, aunque quisiera, se tendría que habilitar para aplicar los protocolos de atención arriba en las ambulancias

Es un trabajo muy valioso si el paramédico está bien adiestrado; sin embargo, la población no tiende a tratarlos bien; la gran mayoría de la población no se comporta colaboradoramente, como con los federales de caminos; generalmente, estos últimos, en lugar de ayudar durante siniestros en la carretera, se dedican a atormentar a las víctimas por los daños y perjuicios ocasionados a la propiedad federal, sin contar además de que a estos sí se les paga, se les proporcionan vehículos, sistemas de radiocomunicación, uniformes, viáticos, etc. y sin contar que su preparación técnica y jurídica es muy dudosa; sólo con escucharlos hablar se puede uno dar cuenta. En lo personal, les tengo pavor en caso de que algo me sucediera en la carretera (y también ustedes, no se hagan....).

¿Qué hay de las asociaciones civiles de servicios de ambulancia? Aquí la situación se me hace un poco peor. Muchas de estas asociaciones quizás tengan muy buena intención; pero como mencioné anteriormente, la buena intención no es suficiente. Muchos de estos servicios son con personal con preparación prácticamente nula, sin ningún tipo de acreditación técnica. Usualmente visten uniformes muy coloridos (llegan a parecer pericos australianos) simulando ser un tipo de superhéroes; para fines prácticos, se ponen la capa de *batman*.

¿Qué hay de los servicios de ambulancia privadas? Si éstas están integradas con personal que trabajó en Cruz Roja u otras asociaciones civiles, y atienden en un lugar altamente turístico, muchos carecen de acreditación técnica y profesional. Muy seguramente se van a poner a escandir frecuencias de radio para ir a (cazar) rescatar turistas. Si la empresa tiene algo más de seriedad, se dedicará sólo al transporte de pacientes de cuidados críticos programado, con médico a bordo, a fin de no poner en riesgo y peligro la vida del paciente.

Parece como si todo lo que acabo de escribir en este capítulo fuera una mala propaganda turística; cualquiera que lea todo esto fuera de nuestro país y venga a visitarnos se va a sentir seriamente inseguro. Aclaro que lo que acabo de mencionar, está enfocado a los servicios públicos institucionales que le toca a nuestra gente recibir, en forma general.

Nuestros Empleos y Empresas

Cuando me enteré de la noticia a nivel nacional acerca de la muerte del Licenciado Jacobo Zabludovsky, recordé lo que para mí representaba durante la época de mi primera juventud; un icono de muchas cosas desagradables en este país. No porque tuviera tendencia de izquierda o de derecha; de hecho procuro ni preocuparme mucho por eso.

Tuvieron que pasar muchos años para adquirir algo de madurez, y entender que, al final de las cosas, sólo fue un hombre de su tiempo en un buen tiempo (para él mismo, desde luego); de no haber sido el, tal vez otro hubiera hecho el mismo papel.

Reconozco que era un hombre culto, como pocos en este país; aún así, me resulta difícil perdonarle que se haya prestado para noticias con respecto al chupacabras y su gusto por las corridas de toros.

Alguna vez declaró, durante una entrevista previa a uno de los procesos electorales, que el principal azote en México era la pobreza extrema (Desde luego que ya no trabajaba en Televisa). Es muy probable, que también él se percataba de la estupidez colectiva; pero no solo eso, sino también de las malas consecuencias de seguir con el mismo patrón social.

Hago frecuente mención respecto a la estupidez colectiva. Este fenómeno es altamente macabro; creo que es inducido. No puedo asegurar la, o las fuentes, de esta inducción, pero es probable que no sea un fenómeno exclusivo de nuestro país; de hecho, creo que el licenciado sabía perfectamente la intensión por la forma que se le pedía que difundiera las noticias

Percibo que la gente cuando emite una opinión con respecto a cualquier tema, pero principalmente político y/o social, creen que es auténticamente personal, cuando el mayor número de veces no es mas que una copia de los periodistas de moda en el momento.

En México, los medios de comunicación son excelentes inductores para que se les crea casi todo (Solo recuerde lo del chupacabras, que no dudaría que fue un experimento social, aparte de probablemente disfrazar otras situaciones del momento)

En el tiempo de escribir este libro, los anuncios oficiales durante todo el día no cesan. Solo hay que contarlos y nos damos cuenta que superan a los anuncios de verdadera intención comercial. Nos inducen a pensar que todo está muy bien; la economía, los empleos, los servicios de salud, la educación.

Pero, ¿qué tiene que ver la estupidez colectiva probable, o seguramente inducida con respecto a nuestros empleos y empresas?

Le pido un poco de paciencia y llegaremos a este punto.

Trataré de hacer una comparación de esta situación con nuestros vecinos del norte.

Si en México, los medios de comunicación son excelentes inductores, con nuestros vecinos el principal inductor es Hollywood, y desgraciadamente nos rebota como al resto del mundo.

Hollywood nos expone las fantasías mas alejadas de la realidad que puedan ser posibles; desde hechos históricos, bases científicas, principios éticos.

¿Qué hay de la probable estupidez colectiva del imperio actual?

Somos vecinos del país con el garrote armamentista más agresivo del planeta (que curiosamente hace rato que no gana ninguna guerra), y a través de la intimidación es el país aparentemente más fuerte en cuanto a influencia económica global. Esto quiere decir que sus recursos son abundantes para casi cualquier área, incluyendo la de su propia educación académica colectiva.

Siendo vecinos, tenemos la oportunidad de conversar frecuentemente con algunos de sus ciudadanos visitantes, aunque esta oportunidad se extiende a cualquier país que visiten, ya que prácticamente se les encuentra en cualquier lugar del mundo. Son increíble las estupideces que comentan muchos de ellos. Algunos, si visitan Australia y les pides que te lo señalen en el mapa, no tienen ni idea de donde está (no estoy bromeando).

Desde luego que he charlado con estadounidenses cultos, probablemente más que yo; pero no son la mayoría y tampoco espero conversar con ellos siempre en niveles intelectuales competitivos, eso me provocaría hastío mental. Hay que procurar pasar el rato agradable hablando también de estupideces de vez en cuando pues, después de todo, la vida está hecha de pequeños momentos. Con ese tipo de ciudadanos, entonces me pregunto: ¿de dónde surge su poderío?

Creo que son máquinas humanas altamente adiestradas con un "buen nivel de vida". Tienen la vida mejor dignificada que nosotros, pero su nivel psicocultural, en muchos, es bajo. Ahora pregunto: ¿si sus transnacionales son traídas a México, por qué no pueden pagar lo mismo, que en su país?

El mexicano es una máquina subhumana altamente adiestrada con una pésima calidad de vida y con un nivel psicocultural tal vez comparable a la de nuestros vecinos del norte.

Si pensamos que tenemos una estupidez colectiva comparada al del imperio, ¿por qué nos pega mas duro a nosotros? ¿Será necesario que tengamos un "estupidómetro" para poder medir la diferencia?

Definitivamente, la estupidez (inducida o no) nos tiene que repercutir en los empleos.

Contamos con una Secretaría del trabajo que, en teoría, vigila el bienestar de los trabajadores con respecto a sus empleadores. Entiendo que se rige por la Constitución en el Título Sexto Del Trabajo y de la Previsión Social, de donde surgen las leyes correspondientes y sus reglamentos, que si todos los ciudadanos, sin excepción, alguna vez lo leyera, las cosas pudieran ser diferentes.

Aun cuando no seamos esclavos (perdón, empleados), considero que es una estupidez no saber nada de esta ley, pues es algo que forma parte de nuestra cotidianeidad.

Expongo algunos fragmento de esta ley.

No es intención recitar aquí toda la Constitución con respecto al trabajo, pero sí mencionaré unos cuantos puntos.

Artículo 123. Toda persona tiene derecho al trabajo digno y socialmente útil; al efecto, se promoverán la creación de empleos y la organización social de trabajo, conforme a la ley.
Párrafo adicionado DOF 19-12-1978. Reformado DOF 18-06-2008

El Congreso de la Unión, sin contravenir a las bases siguientes deberá expedir leyes sobre el trabajo, las cuales regirán:
Párrafo reformado DOF 06-09-1929, 05-12-1960. Reformado y reubicado DOF 19-12-1978. Reformado DOF 18-06-2008

A. Entre los obreros, jornaleros, empleados domésticos, artesanos y de una manera general, todo contrato de trabajo:
Párrafo adicionado (como encabezado de Apartado A) DOF 05-12-1960

I. La duración de la jornada máxima será de ocho horas.

¿Dónde está la vigilancia por parte de la Secretaría del Trabajo, Sindicatos e Instituciones de salud, con respecto a las jornadas de guardias nocturnas de 12 horas continuas de médicos, enfermeras, paramédicos, bomberos, veladores, pescadores, etc? Mencioné anteriormente que los médicos internos y residentes trabajan sus guardias nocturnas y continúan con el turno de día normal.

Seguramente que no va a faltar el genio que argumente que lo de ellos no es un empleo; que es parte de su formación. Entonces, ¿por qué reciben una compensación económica (muy ridícula por cierto) y se les asignan horarios de esclavismo, y funciones bien específicas? Esto, aparte de inconstitucional, es inhumano.

VI. Los salarios mínimos que deberán disfrutar los trabajadores serán generales o profesionales. Los primeros regirán en las áreas geográficas que se determinen; los segundos se aplicarán en ramas determinadas de la actividad económica o en profesiones, oficios o trabajos especiales.

Los salarios mínimos generales deberán ser suficientes para satisfacer las necesidades normales de un jefe de familia, en el orden material, social y cultural, y para proveer a la educación obligatoria de los hijos. Los salarios mínimos profesionales se fijarán considerando, además, las condiciones de las distintas actividades económicas.

Los salarios mínimos se fijarán por una comisión nacional integrada por representantes de los trabajadores, de los patrones y del gobierno, la que podrá auxiliarse de las comisiones especiales de carácter consultivo que considere indispensables para el mejor desempeño de sus funciones.

Fracción reformada DOF 21-11-1962, 23-12-1986

Respecto a esta comisión que menciona la ley, representada por los trabajadores, que seguramente tiene que ser un representante sindical, patrones y del gobierno, me conducen a preguntar: ¿Pueden realmente dormir pensando que son décadas en que no se han logrado los objetivos que menciona este inciso? Seguramente sí, pues de lo contrario ni existiría tal comisión; después de todo, sólo pasan la estafeta a los que siguen.

Esto verdaderamente es no querer a nuestra gente: un agravio; representa un total desprecio a nuestros congéneres; se extiende a una verdadera falta de patriotismo.

Los salarios actuales como lo mencioné anteriormente y sus montos, ratifican que son anticonstitucionales.

VII. Para trabajo igual debe corresponder salario igual, sin tener en cuenta sexo ni nacionalidad.

Pregunte a cualquier empleado suplente, no sindicalizado, de cualquier área laboral cuánto le pagan; como regla general, siempre le pagan menos que al de base sindicalizado.

Como esto no es un texto sobre derecho constitucional, expuse únicamente una muestra de las ventajas que representa leer, aunque sea un poco, acerca de nuestras garantías como ciudadanos; si se quieren enchilar más, lea el resto por su cuenta.

Se molestará más cuando se entere que la función pública es un puesto honorífico; no son sujetos de recibir sueldos, sino una compensación por servir a la sociedad, y es lo primero que los diputados ponen a votación cuando empiezan sus cargos.

En México, la función pública se ha tornado un negocio; lo que es peor: una forma de vida. Incluso, se quiere promover la función pública de carrera, como si fuera una profesión; esto es totalmente inconstitucional, y para empeorar las cosas: la mayoría de los funcionarios jamás han leído nuestra constitución.

Como dije anteriormente, las garantías ciudadanas no funcionan en automático en nuestro país.

Para corregir muchas cosas de las que he mencionado, ni por error, jamás incitaría a la población a tratar de resolver las cosas a través de las armas, o gestando una revolución armada; creo, ante todo, que el uso de la inteligencia debe preponderar en todos los ámbitos. Esta inteligencia tiene que ser colectiva, y al mismo tiempo integrar al rezagado. Nuestra sociedad tiene que empezar con lo mas elemental para el logro cognitivo; saber leer e interpretar correctamente.

Es necesario empezar a leer con cuidado y correctamente los contratos de trabajo, las leyes laborales, pólizas de seguros, la Constitución Política de nuestro país en aquellas áreas que sean de su interés; podrá constatar que todo será más fácil.

Por si fuera poco, las gerencias de muchas empresas y algunos empleados, son impelidos a recibir cursos y acreditación ISO 9000. Se hace alarde de tal certificación, y yo como cliente, aún no entiendo para qué es, aunque imagino que está enfocado a conceptos de calidad en todos los sentidos. Esta calidad supuestamente va orientada a la atención al cliente.

Note esto: a un empleado, por sí mal pagado, todavía se le exige 100% de calidad en atención al cliente. Desde luego que a todos nos gusta que se nos trate bien; más si vamos a comprar un producto o servicio; pero qué hay del empleado que atiende a dicho cliente.

En términos generales, cuando vamos a un banco, supermercado o cualquier tienda, es raro que algún empleado trate mal a un cliente; lo que no es raro, es ver lo opuesto, y el trabajador, a fin de no tener problema o riesgo de perder su empleo, se siente obligado a aguantar los improperios del cliente.

No comparto la opinión ni la premisa que "el cliente siempre tiene la razón".

Si definimos la palabra cliente, en términos de negocios, es todo aquel que recibe un servicio, y en ocasiones es a cambio de alguna remuneración. En un sentido más extenso, todos los seres humanos tenemos clientes, ya que muchas personas reciben servicios por parte de nosotros. Estos clientes no son sólo la gente que nos compra algo, sino que pueden ser la familia, amigos, vecinos, etc, e insisto: no siempre tienen la razón; mucho depende de los estados de ánimo y actitud de los clientes.

Para ejemplo: los improperios de un hijo grosero (los hijos son de nuestros principales clientes), de ninguna manera se los vamos a permitir.

Al mismo tiempo, todos somos clientes, pues todos requerimos servicios y/o bienes. Si vamos a hablar de calidad, la calidad la tenemos que manifestar también como cliente.

Si no sabe las consecuencias, por ejemplo, de tratar mal a un mesero, le recomiendo que no lo haga; quizá no tenga idea del poder de represalias (por llamarles de suave manera) que tienen estos trabajadores contra un cliente que los trata mal. Si no les gusta el servicio o la comida que le sirvieron, simplemente no vuelvan al lugar; las cosas caen por su propio peso. Ni por error intente maltratar a alguien; la mayoría de nuestra gente ya tiene por sí una miserable existencia, como para sumarle más miserias. Si en su posibilidad está poder dar una buena propina por un buen servicio, hágalo; no sea tacaño, y dé sin que le duela.

En este tema, se presta para abordar el tópico sobre nuestros empresarios mexicanos; en términos generales, son unos miserables, indolentes e irresponsables con la gente que les ayuda a ganar dinero. No hay mucha diferencia con los mercaderes del medioevo, pero en honor a la justicia, aclaro que no todos poseen estas características y debe haber, sin duda, los justos.

Para ellos, los primeros, los mezquinos e injustos, los empleados son una molestia a las que hay que pagarles; no les interesa en lo más mínimo cómo viven, piensan o sienten; son incapaces de entender que un empleado resentido se los puede chingar, y cuando éste lo llega a hacer, todavía se pregunta el por qué, si después de todo le hizo un favor dándole empleo.

Se oye infantil, pero esas son algunas de las frases que escucho de los empresarios cuando voy a sesiones de Coparmex, Canacintra, Canaco y otras. Muchos de estos empresarios poseen negocios modestos; otros tienen pequeñas empresas un poco más rentables, pero en su mayoría no son grandes industriales; sin embargo, tienen un ego grandísimo y un evidente desprecio hacia sus propios trabajadores. No logran comprender que aunque ellos vivan en un buen fraccionamiento, no es conveniente que dicho fraccionamiento esté rodeado de miseria en las cuadras a la redonda.

Hablando de negocios, no puedo ni debo hablar en términos de igualdad de beneficios; pero si hay que hablar en términos de equidad.

Si eres empresario y no tienes la capacidad de pagar buenos salarios que dignifiquen la existencia de tus empleados, es mejor no iniciar el negocio que tienes en mente. En todo proyecto o plan de negocio, cuando lo estás realizando, dentro de la expectativa en el flujo financiero, jamás contemples salarios mínimos; si lo haces, eso ya habla de tu mediocridad.

Contempla el mínimo de gente que vas a emplear con buenos salarios para que estos defiendan sus trabajos y otros deseen trabajar contigo, y al mismo tiempo defiendan la empresa que estás creando. Haz que tus empleados tengan una verdadera razón para amar su trabajo; jamás recurras a técnicas medievales como el resto.

No estoy en contra de los empresarios (al contrario); necesitamos más empresas y que preferentemente sean nuestras, y no necesariamente provengan de inversiones extranjeras. Tenemos que dar la pauta y muestra que se puede pagar mejor para que las inversiones extranjeras, en contubernio con las autoridades, no abusen de los demás.

Este mensaje lo envío de preferencia a la gente joven con ánimo de crear una empresa. Empiecen siendo la empresa ustedes mismos. No pongan de pretexto el que no hay dinero; este ya está hecho, ya está circulando, no lo tienen que inventar. Sólo piensen como obtenerlo y, aunque no quieran, tienen que compartirlo; después de todo, el dinero es una invención humana que en forma real no tiene ningún valor; su valor se sustenta en mitos y ficciones; más adelante hablaré al respecto.

Si quiere hacerse rico y próspero, es un deseo legítimo; no se deje engañar por las generaciones anteriores que acusan de que son deseos mezquinos y egoístas. Más egoísmo es poder ayudar a otros y no hacerlo.

La pobreza es un cáncer social; es la primera causa de criminalidad dentro de nuestra sociedad. Nadie en su sano juicio nace y se desarrolla queriendo ser pobre; esta no tiene nada de loable, ni en lo práctico ni en lo religioso (Se requiere ser muy estúpido para creer que la pobreza es el camino al paraíso).

La razón de la existencia de la pobreza en nuestro país, es porque en sí misma es negocio para unos cuantos. Desde el punto de vista político, representa un estandarte por las supuestas causas justas de cualquier partido; una vez ganadas las elecciones, sólo hay que administrar la crisis colectiva. Así de simple es: La pobreza existe porque la administración de la crisis constante representa un gran negocio.   Trataré de explicarlo.

Pondré como ejemplo la adquisición de vivienda.

Las madrigueras que les ofrecen a los asalariados a través de los créditos de donde sean, funcionan de la siguiente forma.

Tomando ventaja de la necesidad de tener un lugar dónde vivir, el desarrollador (así se hacen llamar) construye un simulacro de vivienda, que más bien semejan madrigueras, con dos cuartitos, una cocinita, un bañito, un patio pequeño, en fin, todo diminuto, con todo y terreno. Estas le cuestan a las constructoras, que las hacen en serie, aproximadamente, unos cuarenta mil pesos mexicanos; después, a través de los créditos bancarios de cualquier institución las venden en ciento veinte mil. Las instituciones, muy preocupadas para que los ciudadanos cuenten con sus casitas (que verdaderamente son unos juguetes), logran que el trabajador inicie pagando aproximadamente mil quinientos pesos mensuales en un financiamiento de 30 años. Tomando en cuenta los intereses, el comprador termina pagando por dichos juguetes, aproximadamente setecientos cincuenta mil pesos, algo que inició costando cuarenta mil construirlo.

Lo mismo sucede con las tiendas que anuncian que compres lo que sea en abonos chiquitos.

Si después de lo que estoy explicando, aún duda que existe la estupidez colectiva, entonces ya no sé me ocurre cómo más explicarlo.

La pobreza tiene una situación muy curiosa; percibo que es demasiada la gente que se acostumbra a ella. De hecho lo ve como algo muy normal, (que de alguna manera lamentable lo es). En México, tanto el que es pobre como el que no lo es, lo ven y expresan de esta manera; dicen: "soy pobre porque me tocó ser pobre", y los otros: "pues pobrecitos a los que les tocó ser pobres". Lo ven como algo normal y natural.

Mi buen Jacobo. Es probable, que veías todo esto igual que yo. Lástima que no usaste (y no te hubieran dejado) el poder que tenías para intentar cambiar un poco las cosas.

Nuestro Entorno

Los mexicanos son proclives (no me incluyo) a decir que nuestro país es muy hermoso.

Cualquier lugar de nuestro planeta en el que no haya humanos es hermoso; los mares, bosques, tundras, selvas, glaciares, incluso los mismos desiertos donde aparentemente no hay nada lo son. México tiene, con excepción de los glaciares, mucho de esto.

Contamos además, con construcciones prehispánicas que son consideradas con justa razón, patrimonio de la humanidad; son vestigios de glorias pasadas de los habitantes que existieron en esas épocas y que no tienen nada que ver en la actualidad con nosotros.

Como mexicanos, véanse todos en el espejo; ¿no se dan cuenta de que la mayoría no son de origen mexica? Los vestigios mexicas dentro de nuestra sociedad son muy pocos (con excepción en el centro del país), y los que aún existen no se integran con nosotros, y/o de alguna manera no les permitimos integrarse.

Sobrevaloramos un mestizaje que en la realidad casi no se dió. La viruela acabó casi de un zarpazo con la población autóctona. Aunque no nos guste, somos los invasores de esta tierra que se ha transformado en lo que actualmente es este país. En cuanto a nuestras bellezas naturales no voy a decir nada malo.

En cuanto a nuestro entorno, México es un verdadero basurero. Algunos lectores de este libro que lleguen hasta aquí, de seguro lo van a tirar o cerrarlo.

Si usted tiene la fortuna de vivir en un fraccionamiento "*nice*", sólo tome su automóvil y una vez que haya salido de su fraccionamiento, no pasarán más de cinco minutos (y se me hacen muchos) sin que vea tirada basura en alguna parte. Por otro lado, si usted no vive en un fraccionamiento "*nice*", es muy probable que esté rodeado de basura por todos lados.

Si hago mención de que existe la estupidez colectiva, hay algo que es tal vez peor que ésta. Al estar rodeado de basura y no recogerla, creando un entorno desagradable a la vista y al olfato, no es otra cosa que manifestación de depresión colectiva. No es lógico, ni tiene sentido esperar a que los servicios públicos municipales hagan este trabajo. ¿Qué sentido tiene que la gente, en forma prácticamente normal, tire basura al suelo, aun cuando en ocasiones hay recipientes para poder depositarla allí? Si hay tierra en el frente de la casa o negocio, ¿por qué no barrerla? ¿De dónde puede estar surgiendo esta depresión colectiva?

Definitivamente, es muy probable que nuestra sociedad esté enferma. En cuanto a esto último, no tomen mis palabras textualmente como ciertas; sólo emito mi opinión. Es muy aventurado hacer una afirmación de este tipo, ya que aclaro que no soy psicólogo, ni sociólogo; pero en cuanto a que México es un basurero, eso nadie me lo puede negar.

La depresión de la que hablo, tal vez viene de la combinación de todo lo que he venido tratando en este libro; el agobio constante del diario vivir; salarios que nunca llegan a ser suficientes, aunque algunos llegan a tener buenos ingresos; o quizá sea que imperceptiblemente las generaciones pasadas, involuntariamente, hayan transmitido esta sensación a las siguientes generaciones.

Observe a los jóvenes menores de edad; llama la atención que son pocos los que sonríen; están abstraídos en sus *smartphones*; prefieren las comunicaciones virtuales a la convivencia directa; muchos de ellos tienen un pésimo rendimiento escolar; no observan ni les interesa el entorno en donde se mueven; algunos de ellos rayan bardas; viven en infames casitas; carecen de privacidad o espacio de algún tipo; sus motivaciones son casi nulas; muchos resuelven anestesiarse primero con alcohol, luego con drogas.

Definitivamente, el sistema de vivienda, trabajo, salarios, educación y servicios públicos en México, son medio de cultivo para criminales en potencia. La solución a todo esto, seguramente, no saldrá de nuestras autoridades, eso es lo más penoso.

Nuestras Fobias

Imagino que muchos, alguna vez, se han puesto a pensar como les gustaría que fueran sus vidas. Describiré como me gustaría que fuera la mía; cualquier coincidencia de mis deseos con los de ustedes, tal vez no lo sea.

Aclaro que la siguiente descripción, será en tiempo presente, como si en realidad así fuera.

Por principio, las noches me gustan, me relajan. Puedo ver una película, leer un libro, platicar con mi esposa o cualquier otra persona. Definitivamente, la luz artificial ha alterado nuestros ciclos circadianos, y esto hace que nos acostemos más tarde y al mismo tiempo, aumentan el número de horas para consumir más cosas; siendo esta la situación, si me acuesto muy tarde, me gusta levantarme a la hora que se me quite el sueño; no cuando suene un despertador. Por sí, no es natural ir a dormir tan tarde, mucho menos es despertar con la ayuda de un artefacto; estoy seguro que puede ser una de las causas de nuestras primeras neurosis al iniciar el día. Una vez que me levanto, me baño, afeito y me visto (sin prisa, desde luego), me tomo el tiempo suficiente para un ligero desayuno acompañado de café. Procuro ni por error, prender la televisión.

Muy probablemente, es ya media mañana; reviso mi lista de pendientes por hacer, doy prioridad a lo que considero importante, y si veo que sobra algo de tiempo para el día, incluyo algo que pudiera ser urgente.

Desde luego que no tengo que ir a checar a ningún lado para complacer un horario. Durante cerca del medio día, probablemente pague algunas cuentas. Voy a las oficinas del servicio de agua, electricidad, bancos y otros lados; aunque otras veces, todos esos pagos los realizo en línea a través del internet, muchas veces asisto personalmente con el pretexto de ver gente.

Cerca del medio día acudo a lo que es mi trabajo o negocio; reviso toda mi lista de pendientes, y me enfoco igual a lo que considero que es importante; le dedico tres o cuatro horas en forma ininterrumpidas y en algunas ocasiones, muy raras por cierto, llegan a ser ocho o doce horas.

Durante el tiempo que estoy trabajando sin interrupciones, en un horario no estrictamente programado, hago planeación de muchas cosas; resuelvo problemas, o programo la forma de resolverlos. Mi trabajo lo hago en forma efectiva y relajada; con buenos frutos en cuanto a resultados.

Una vez que decido que terminé mi actividad laboral por ese día, no me preocupo por el horario de la comida; esta puede ser a cualquier hora. Mucha gente deja de hacer cosas importantes porque tiene que cumplir el horario de comidas, aún cuando a veces ni hambre se tiene; en lo personal, si estoy muy concentrado en mi trabajo, es en lo último que pienso; si meriendo antes, sólo por formalismo, regreso con sueño postprandial, sin concentración, y con más ganas de irme que de quedarme. Me pregunto cuánta gente tiene que trabajar en estas condiciones hasta que se complete su turno; todo porque hasta su alimentación está atada a un horario.

Después de terminar de trabajar, puedo ir con calma al mercado a comprar lo que pudiera hacer falta en casa, o ir directamente a ésta; después de todo, el resto del tiempo es mío y puedo hacer lo que me plazca.

Lo que acabo de describir anteriormente, creo que es muy parecido a lo que la humanidad vivía cuando era recolector-cazador, con la diferencia de que se dormía en las primeras horas de la noche y se levantaba al salir el Sol o poco antes; pero dormía buen número de horas. La actividad de caza o recolección, muy probablemente no pasaban de cuatro a seis horas.

Me pregunto. ¿Realmente la humanidad en la actualidad, está adaptada para la forma de vida que lleva en comparación con los humanos preagrícolas? Si no es así, ¿por qué la humanidad acepta esta forma de vida?

No se malinterprete que propongo regresar al neolítico; más bien cuestiono el por qué a la gente se le exige laboralmente el cumplimiento de un horario en forma insistente, mucho más que la efectividad de su actividad.

Entiendo que cuando hay actividades que impliquen el resultado a la acción simultánea de varias personas se tienen que cumplir agendas, como sesiones de cursos, eventos deportivos, conferencias, presentaciones de teatro, etc; pero en relación al trabajo, no siempre es así.

Tengo amigos que se dedican a la actividad de ciencias; algunos de ellos estudian su doctorado y ninguno de ellos tiene horario. De repente están trabajando en las primeras horas de la mañana, e igual, repentinamente, lo hacen durante la madrugada. Al platicar con ellos al respecto, me comentan que el surgimiento de ideas y creatividad, no tiene horario.

Pero ¿que es lo que hace que la humanidad acepte todo esto?

La base de todas las psicosis son las fobias (miedos).

Mencioné en páginas anteriores que tal vez los mexicanos sufren de depresión colectiva (que sinceramente no creo que sea exclusiva de los mexicanos). La Depresión es una de las psicosis que se diagnostican en psiquiatría con más frecuencia y la causa puede ser por fobias que muy probablemente sean transgeneracionales.

México, al igual que el resto de la América Latina, es mayormente cristiana; principalmente católica. Desde niños se nos enseña a ser católicos, así como a los árabes les enseñan a sus niños el Islam; se nos enseña a ser católicos, principalmente, induciendo el miedo a Dios.

En el nuevo testamento, aparece un hombre judío blanco de ojos claros, muy parecido a un hippie de la era de acuario (no entiendo hasta ahora, de dónde surgen los judíos rubios, quizá es producto de la soberbia europea), diciendo que Dios es amor. Pero en el antiguo testamento se lee acerca de un Dios exigente y demandante, celoso, furibundo, intolerante, misógino, genocida y paidocida; parece más un demonio, y al parecer era exclusivo y dedicado al pueblo judío: el resto de la humanidad no le importaba mucho, por no decir que nada.

Si hacemos a un lado el antiguo testamento, el catolicismo se centra en Jesús (el hippie que mencioné anteriormente). Sobre su existencia no hay registros que la avale, y cuyos preceptos, como declara Nietzsche, murieron con él en la cruz, si es que realmente existió; prueba de ello es que en los estratos de las jerarquías católicas, no se ve nada que se parezca a Jesús; ni en lo que predican, ni en sus acciones.

Creo que no hay ningún niño que no se le haya dicho alguna vez, que si no obedece los preceptos de la familia y de la iglesia, o peor aún, que las cuestione, que aunque ellos no se enteren, Dios si lo hará y lo castigará, y este castigo pueden ser los tormentos por la eternidad acompañado del fuego del infierno. Plantar esto en el subconsciente de cualquier niño es uno de los actos de mayor crueldad que puede haber, y la gran mayoría de los mexicanos no están exentos.

Ninguna religión acerca a la humanidad, hacen todo lo contrario, y el cristianismo no es la excepción.

Otro miedo enseñado, son a las figuras de autoridad.

Las primeras figuras de autoridad en aparecer durante nuestra existencia, son nuestros padres, y en nuestro medio, la predominante para mal, es la paterna.

Contamos con un alto índice de registro de maltrato infantil y hacia el cónyuge infringido por el "jefe" de familia; este muy probablemente sólo repite el patrón con el que creció, basado en las fobias que le enseñaron durante su desarrollo.

Aparte de crecer con el miedo a Dios, muchas familias viven aterrorizados por el jefe de las mismas.

Las siguientes figuras de autoridad son los maestros, para bien o para mal; los catedráticos en las universidades; los primeros patrones en el trabajo; el sistema policial y jurídico; la Secretaría Fiscal; los presidentes municipales; gobernadores, diputados y senadores, etc.

Todas las autoridades que acabo de mencionar (y me faltan varias), ejercen su autoridad con base en el miedo. ¿De dónde vienen estos miedos?: vienen de las historias ficticias que ellos inventan, y nos convencen en forma colectiva a través de la persuasión, y si no funciona, con el castigo.

A la autoridad pública, ¿por qué les tememos si ellos son sólo unos cuantos y nosotros una inmensa mayoría? Las autoridades públicas, en sus discursos prácticamente nos dicen esto: "Nosotros representamos lo que es conveniente para todos ustedes, porque fuimos elegidos para representarlos a través de un proceso democrático que se manifestó con sus votos"; en pocas palabras: ustedes mismos nos pusieron aquí. En eso consiste la democracia representaiva.

Si ustedes (los que votaron, o no), no cooperan en lo que dispongamos (que supuestamente es lo que nos conviene) serán severamente castigados. Claro que en el discurso disfrazado hablan de hacer cumplir las leyes, las cuales no dicen que serán cambiadas de acuerdo como a ellos más les convenga.

En México, todos los candidatos, de lo que sea, ni siquiera son elegidos democráticamente por sus partidos; se postulan ellos mismos (Recuerde a Vicente Fox) y se disputan la candidatura entre ellos mismos, de modo que la democracia que ellos defienden es muy dudosa. Los mexicanos, aparte de vivir con el miedo a Dios, viven con el miedo a cualquier figura de autoridad.

¿Cómo se pueden combatir estos miedos?

Podemos empezar por cultivar una espiritualidad religiosa a los niños, que no sea a través del temor; menciono esto porque creo que es inevitable que nuestros compatriotas crean en Dios, aunque soy de la idea que las religiones no acercan a la gente.

La figura de autoridad más inmediata a la gran mayoría son las jefaturas. Los jefes, son de carne y hueso igual que todos; la mayoría de ellos no tiene más o menos capacidades que los demás (subordinados); existen porque es necesario mantener cierto orden en las cosas, y alguien tiene que hacerse cargo. Si todos hacemos lo que realmente corresponde hacer, los jefes no tendrían de qué preocuparse; desgraciadamente, cada jefe también es un empleado y debe rendir cuentas a otros, y si por alguna extraña razón, sus subalternos se ven felices aunque hagan bien su trabajo, a éste se le etiqueta de débil, apapachador e ineficiente. Parece ser que a como de lugar, las áreas de trabajo tienen que ser centros de concentración con malestar psicológico colectivo. Esto a simple vista lo veo en empresas como Telcel, hoteles, Walmart, City Club, Sears, bancos, etc. Casi todos los gerentes tienen que ser centros de concentración con malestar psicológico colectivo. Esto a simple vista lo veo en empresas como Telcel, hoteles, Walmart, City Club, Sears, bancos, etc. Casi todos los gerentes tienen que ser temidos como símbolo de fuerza y eficiencia, y aunque no lo crean, estos últimos son los que más enfermedades psicosomáticas padecen; desde dolores de cabeza, hasta gastritis, colitis, neurodermatitis y otras.

Espero ser claro del por qué me refiero a los empresarios mexicanos como medievales.

Si el quiebre psicológico de los trabajadores, como los médicos institucionales, que en teoría poseen un acervo de educación superior es posible, imagine al resto de los trabajadores que no tienen ni siquiera la oportunidad de educarse.

¿Quién les ha enseñado (porque no me incluyo, no tengo complejo de esclavo), que para vivir, forzosamente, se tiene que conseguir un empleo remunerado para que de esa manera poder ser acreedor de un cheque seguro, quincenal; un crédito criminal legalizado para obtener sus casitas, sus aguinaldos, primas vacacionales y jubilación con el sueldazo de toda su vida, y desde luego, después morir en una institución, si es que se lo permiten; o en su casita?

Lo que obliga a todo lo anterior, son los miedos a tratar de ser moderadamente libres; nadie quiere pagar ese precio. Así es, además creer todavía que son libres.

Esta idea de seguridad esclavizada, es promovida reiteradamente por anuncios oficiales y de empresas privadas, que la repiten una y otra vez hasta que la colectividad termina creyéndolo, y cuando alguien lo cuestiona, enseguida vienen las comparaciones de México con otros países que, desde luego, en su momento histórico están peor que nosotros.

Si no me cree que tiene miedo a ser moderadamente libre, haga lo siguiente: (No aplica si usted es su propia empresa o tiene su negocio propio; espero que no sea empresario medieval). Renuncie a su empleo actual y trate de emprender algo que siempre haya querido hacer. Lo primero que lo va a retener, son los años previos que lleva ya trabajando con sus amos; se cuestionará sobre cómo va a perder las prestaciones que ya tiene, y mucho peor si va a la mitad del tiempo necesario para conseguir una jubilación: el quiebre psicológico ya está hecho. Una vez más, por enésima ocasión, las fobias han influido en su decisión; entonces cuestiónese, en dónde está la libertad que usted cree tener. La libertad no se limita a que pueda escoger la marca de cerveza que va a beber o la decisión hacia adónde se va a desplazar, o decidir quienes serán sus amos (por aquello de que diga que puede trabajar donde usted decida)

La libertad es la decisión y posibilidad auténticas de cómo quiere vivir; esta decisión tiene que estar libre de sesgo cultural previo, libre de fobias que mal influyan en la misma; por eso creo que los cambios sólo se pueden dar en las generaciones venideras, no echando a perder las mentes de nuestros niños y jóvenes.

Puedo asegurar, que la gran mayoría se autoengaña (y para eso se les da una ayudadita), al decir que vive feliz, aun teniendo trabajo y sueldo de esclavo, y viviendo rodeado de basura por todos lados. El quiebre psicológico masivo ya está hecho; no enseñemos esto a nuestros hijos.

Nuestras Mujeres

En esta sección, el hablar acerca de las mujeres es un pretexto para también hablar del género masculino, y lo mejor será no referirnos únicamente a la mujer mexicana, sino a todas en el orbe.

En los registros de la historia de la humanidad, vemos que la mujer ha sido considerada mucho menos que un objeto. No he encontrado mucha documentación con respecto a sistemas 100% matriarcales, e históricamente el peso de las familias, a nivel global, es de predominio patriarcal. En cuanto a las religiones, en general, no tienden a disminuir el valor de la mujer: la disminuyen. Igualmente, los sistemas jurídicos y gubernamentales son de predominio masculino; como soy hombre de nuestro tiempo, me parece increíble que las mujeres puedan votar desde épocas muy recientes. Si fuera hombre de los tiempos de la colonia, muy probablemente lo vería como algo lógico y normal.

Sin embargo, aun cuando el género femenino últimamente ha avanzado en sus conquistas de equidad, aún existen lugares en los que la mujer no tiene prácticamente ningún derecho. Me enfocaré a hablar del entorno que más conozco.

Haciendo alusión al título de este libro, desde mi óptica, a la mujer sí que la han chingado. Pese a todo, hay mujeres en la historia que han sobresalido, sabido vivir, sobrevivir y adaptarse a las circunstancias.

En México aún se presume del machismo y se ha hecho famosa la imagen del macho mexicano a nivel global. En esto ha influido el cine y la música del siglo pasado. Frecuente es la alegoría de las canciones rancheras que hacen alusión del desamor de alguna "mala mujer" porque no quiere al borracho pretendiente; por supuesto interpretado por el "galán" cantante; porque desde el punto de vista del borracho irresponsable, debe entenderse que es obligación de las mujeres quererlos a como dé lugar; de no ser así, es porque son malas. Afortunadamente, la abnegación de muchas mujeres en México está dejando de ser absoluta.

Nuestros compatriotas, en la actualidad, ¿cómo ven aún a nuestras mujeres? Me remonto a la época cuando cursaba el bachillerato. De eso hace algunas décadas. El lugar donde nací y crecí carecía de universidad, de modo que si queríamos estudiar una carrera profesional, teníamos que salir de nuestro Estado; ello representaba la necesidad de contar con recursos por parte de las familias para poder enviar a sus hijos a estudiar a universidades foráneas.

Recuerdo haber tenido compañeras de aula, brillantes y responsables, y al mismo tiempo haber sido amigo de algunos de sus hermanos. Conversando con algunos de estos amigos, que eran unos idiotas e irresponsables, les preguntaba qué carrera tenían en mente sus hermanas. Respondían que no las enviarían a ninguna parte por problemas económicos en la familia; que sólo tenían recursos para uno, y los elegidos habían sido ellos: los hombres.

Lo espantoso no era solamente el enviar a un irresponsable y idiota a la universidad, sino que se le quitaba una gran oportunidad a alguien (mujeres de la familia), que podían haber aprovechado mejor la oportunidad, y lo tristemente paradójico es que esa decisión e insistencia venía de las mamás. Mi pronóstico, normalmente, no fallaba: al irresponsable se le enviaba y no terminaba, y la hermana terminaba casada con algún patán que la llenaba de hijos.

No logro entender el proceso psicológico de muchas de nuestras mujeres, respecto a su preferencia hacia los hijos varones.

La época que actualmente vivimos, no tiene precedente en toda la historia de la humanidad. Los procesos sociales, políticos, económicos, tecnocientíficos, etc, corren a una velocidad que a menudo nos cuesta trabajo estar al día; nuestras mentes tienen que adaptarse a nuevas formas de pensamiento para poder asimilar lo más posible: es por eso que tenemos que recurrir al recurso de la razón; esto lo tenemos que hacer en forma colectiva en la medida de lo posible.

Haciendo uso de esta razón tenemos que analizar lo que es un hombre, y lo que es una mujer. No concuerdo, ni me gusta, el postulado que afirma que hombres y mujeres somos iguales; tampoco que el hombre es más valioso o viceversa.

Aún existen matrimonios jóvenes, donde el padre quiere que, en lo que sea posible, su primer hijo sea varón; como si fuésemos esquimales y nuestra supervivencia dependiera de esa creencia. Esta actitud no es otra cosa mas que la confirmación de la sobrevaloración de su género. Las mujeres mexicanas que estén leyendo esto ya se imaginarán el pronóstico para la esposa de quien estamos mencionando.

Las diferencias que veo entre hombres y mujeres son fenotípicos y hormonales únicamente. Nuestros cerebros y sistema nervioso son casi idénticos, sólo que estos responden de acuerdo a nuestras correspondientes hormonas. Comparativamente, el hombre tiende a ser más corpulento, y la mujer puede incubar a una criatura.

En el contexto laboral y productivo, todo está diseñado (tal vez involuntariamente) a favor del género masculino; de la misma forma en que los vehículos, instrumentos musicales, etc, están diseñados para derechos: los zurdos tienen que adaptarse a esta circunstancia. Por su parte, las mujeres luchan contracorriente en lo laboral para competir con la mentalidad misógina subconsciente de nuestra sociedad, y se van adaptando. No olvide que la mayoría de las madres en México, promueven, sin darse cuenta, esta misoginia en sus hijos en ambos sexos. Si lo duda, sólo dígame, ¿quién alguna vez no ha escuchado a una madre decirle a una de sus hijas frases como estas: ¡"Mijita", hazle desayuno al pobrecito de tu hermano, ¿no vez que amaneció "crudo"? o ¡Plánchale su camisa, tiene un compromiso muy importante y ya se le hizo tarde! A esa madre vean el pronóstico como suegra; por algo son famosas las en México: se lo han ganado a pulso.

Nosotros, como padres, deberíamos pensar que no deseamos que nuestras hijas se conviertan en sirvientas incondicionales de sus cónyuges; sin embargo la mayoría de los hombres en México son hijos de mami; Terminan repitiendo el mismo patrón de sus padres.

Tengo algunos amigos, hijos de padres golpeadores, que aún después de muertos sus progenitores, los recuerdan como si hubiesen sido unos santos o unos iluminados; hasta dicen, "Qué razón tenía mi padre al haberme puesto las reatizas ;si no, no hubiera aprendido" (¡cuánta estupidez!). Por lo tanto, ellos tienden a repetir el mismo patrón de maltrato a sus hijos y a sus esposas.

Este maltrato no solo es físico, sino psicológico, haciendo sentir a las esposas que son nada. El supuesto del padre celoso es sólo un mito, pues terminan aceptando el maltrato a sus hijas por sus yernos, la mayoría de las veces.

Las mujeres son crueles con las mujeres.

Es relativamente común que, en actos de rebeldía durante la adolescencia, algunas muchachas lleguen a tener un embarazo no deseado. Lamentablemente, muchas de estas niñas son abandonadas por su pareja, generalmente aconsejados por la mamá de estos; estas aducen que es por su bien, que no deben echar a perder su vida con la lagartona que los embaucó (¡Pobrecitos!). Estos, "para no desobedecer a mami", obedecen sin mayores remordimientos y, peor aún, los padres de estos apoyan, o están de acuerdo con la acción.

Estas mismas muchachas, normalmente no buscan el aborto como primera opción, sino que esperan el apoyo de sus familias. No siempre, pero en algunos casos, son las mamás la que más recriminan que ellas se lo han buscado, y son las que terminan no aceptándolas de regreso.

En problemas de embarazo durante la adolescencia, es la mujer quien la lleva de perder. (Derechos humanos aboga más a favor de criminales, que por este tipo de víctimas).

En estos tiempos, hay una apertura global de aceptación en cuanto a la libertad sexual. Los anuncios oficiales promueven el uso de anticonceptivos para evitar embarazos no deseados y enfermedades de transmisión sexual; sólo que usan prácticamente niños para tales anuncios. Lejos de promover la prevención de enfermedades y embarazos no deseados, parece que promueven el inicio de vida sexual activa desde el *"kínder"*. Creo que en lugar de promover la actividad sexual a temprana edad, deberían de promover mejores intereses para ellos a mediano y corto plazo. Aclaro que no estoy en contra de la sexualidad; de hecho acepto y entiendo que la sexualidad forma parte de la personalidad de todos y cada uno de nosotros.

Hasta aquí, parecería que soy altamente feminista; no obstante, no me convence la forma en la que muchas mujeres proclaman su feminismo. Definitivamente, ya mencioné que es absurdo decir que hombres y mujeres somos iguales, eso es claro y ya mencioné por qué.

Dentro de algunos movimientos feministas mal entendidos, es un error que las mujeres asuman una actitud de irremisiblemente víctimas, o que descuiden funciones propias a su género que son muy importantes.

En lo laboral, me consta que las mujeres en un tiempo corto de trabajo pueden ser muy efectivas, por lo que la mayoría de ellas no deberían de trabajar más de cuatro horas diarias. Muchas de ellas tienen hijos que atender, se embarazan, y muchas sufren con sus periodos menstruales (como dije antes. No son iguales a nosotros). Alguna feminista extrema podría reclamarme: ¡pues que los hijos también los atienda el hombre!

Créame que muchos hombres ya lo hacen, y con mucho gusto, pero la imagen materna nunca va a dejar de ser importante en las primeras etapas del desarrollo de cualquier niño (Dudo mucho que algún hombre pueda lactar a un bebé).

Imaginen esto: un hombre cuya pareja colabora laboralmente en su casa, y además tenga un nivel psicocultural igual o mayor al suyo, las posibilidades de criar hijos con mucho potencial, son muy altas; siempre y cuando este hombre no sea misógino, y sepa ir a la par.

Creo que hay un feminismo mal llevado o mal entendido. Vemos adolescentes mujeres que son las que se lanzan prácticamente a los muchachos; usan un lenguaje más corriente , vulgar o grosero que el comediante Polo Polo (la verdad es que sí me hace reír); no quieren aprender nada que valga la pena, como si su juventud fuera a ser eterna. En esas circunstancias, las consecuencias van a ser catastróficas. Este tipo de "feminismo" hace que los jóvenes varones tiendan a verlas más aún como cosas.

Respecto el *status* y la posición que ha estado ganando la mujer, como dije antes: vivimos en una época de muchos sucesos sin precedentes en la historia de la humanidad, y ser testigo del inicio de estos cambios, nos hace ser parte de los mismos. Las mujeres no deben olvidar, que el logro de su emancipación también no hubiese sido posible sin el cambio de óptica de hombres de nuestro tiempo altamente inteligentes que han secundado sus iniciativas. Mi propuesta sería que olvidemos los términos como machismo o feminismo; Desde el punto de vista humano, y capacidades intelectuales, hombres y mujeres somos iguales; desde el punto de vista de géneros no, y esto no descarta la igualdad en competencia de oportunidades.

Nuestra Gente

El lector que ha llegado hasta aquí, se preguntará: ¿Y este loco que más puede comentar de nuestra gente, si ha dado a entender que los mexicanos están colectivamente retrasados mentales?

No me retracto de la manera en que veo a mis compatriotas con respecto a su educación y actitudes. No me retracto en cuanto que noto que la mayoría de la población aparentemente sabe leer, pero no interpreta adecuadamente lo que lee; ni de declarar que casi no existe el hábito de lectura. Respecto a sus actitudes, tampoco me retracto de sus debilidades en cuanto a chingar a otros se refiere.

Me resulta complejo hablar de nuestra gente, aunque aparentemente parezca que lo hago fácilmente. No sería de extrañar que me salgo de contexto entre un párrafo y otro, y para hablar de nuestra gente, creo inevitable mencionar al resto del mundo.

Es probable que ni siquiera el título de este capítulo embone adecuadamente en todo lo siguiente.

Creo que la población de nuestros vecinos inmediatos del norte, pueden estar inducidos a la estupidez colectiva al igual que la nuestra.

Tomaré este punto, y luego vuelvo con respecto a nuestra gente.

En el momento de escribir esto, hay un precandidato a la presidencia de Los Estados Unidos, que declara que México envía a los peores mexicanos a su país. No logro imaginar a un grupo siniestro haciendo selección de los compatriotas más ojetes para enviarlos con nuestros vecinos, para que estos logren desestabilizarlos, y ser culpables de todo lo malo que les suceda. No puedo evitar cierto temor que nuestros vecinos permitan que sucedan este tipo de cosas en su país, pues refleja el nivel de educación colectiva que también ellos tienen. Ya tuvieron como presidente a un actor que creía en la astrología, y se dejó asesorar por Edward Teller en el proyecto "guerra de las galaxias". Una locura; creo que mucho del colectivo humano no logró ver las dimensiones catastróficas potenciales de llevar a cabo este proyecto; afortunadamente hubo gente inteligente del ámbito científico en su propia tierra, que le dio marcha atrás a esa demencia.

No veo grandes probabilidades de que este precandidato gane, pero con este, y otros antecedentes parecidos en cuanto a conciencia sociopolítica de los estadounidenses, tampoco me extrañaría que lo hiciera. Sólo recuerde o investigue como Hitler logró convencer a un pueblo supuestamente bien educado, que al darse cuenta del error que cometieron llevándolo al poder, después ni ellos mismos lo pudieron quitar.

Hablando de nuestra gente, es increíble también que la ciudad de Los Ángeles y Chicago, alberguen el mayor número de mexicanos después del Distrito Federal en México. La entrada de remesas a nuestro país por el envío de dinero de nuestros compatriotas desde los Estados Unidos, generalmente ocupa el segundo o tercer lugar, después de los ingresos petroleros; esto raya en lo vergonzoso, pues ¿qué estamos haciendo la gente que vivimos aquí, en México?

Hay mexicanos regados por todo el mundo; hago mención de ellos porque también son nuestra gente, e imagino que de esta gente hay de todo tipo, pero pensar que se va lo peor porque aquí de plano no la podían armar es de lo más injusto. Mucha de esta gente probablemente es de lo mejor que se nos va, pues van con un objetivo muy claro: El firme y legítimo deseo de prosperar, que por más que lo nieguen, en nuestro país es muy difícil.

No se entienda que en México es imposible progresar; no es lo mismo difícil que imposible. Algunas personas hemos sido afortunadas hasta cierto punto solamente. Ya expliqué anteriormente la mejor manera (la mejor en cuanto a resultados; no en cuanto a la ética) de progresar en México, y está relacionado con el título de este libro, pues forma parte del inconsciente y subconsciente colectivo (chingando a los demás).

Los extranjeros que lean este libro, no se sientan exentos de lo que nos sucede en cuanto a estupidez colectiva; independientemente de nuestras fronteras y políticas geoeconómicas, todos estamos intercomunicados como jamás en toda la historia. Vivimos una época de enajenación y consumo a ultranza, que es lo que hace que se muevan las economías; desgraciadamente, esto favorece solamente a pequeños grupos de la humanidad, pero para que esos pequeños grupos puedan lograr esto, se requiere que el colectivo coopere sin darse cuenta, y la mejor manera de hacerlo, es manipular los sistemas educativos dirigidos al colectivo.

Ya mencioné anteriormente que conozco a gente de países altamente desarrollados que pertenecen al común y corriente, y sus niveles psicoculturales dejan mucho que desear. El gran colectivo no va a tener acceso a Harvard ni a Oxford, además que no cabrían todos.

Nuestra gente es altamente supersticiosa. De todos los niveles económicos y sociales, una buena proporción de nuestra población cree en brujerías, el mal de ojo, los horóscopos, las vibras, etc; incluso no es raro ver funcionarios públicos de alto nivel con amuletos en sus muñecas (que ni me vengan con cuentos de que lo hacen con fines ornamentales para favorecer las artesanías mexicanas, además no riman con sus Rolex). Adicionalmente, nuestra gente es altamente inducible al miedo.

Se escuchan anuncios oficiales en el radio como: "es tiempo de calor, ponte mangas largas para que no te piquen los mosquitos, pues te puede dar dengue". "Hace frío, abrígate, pues puedes contraer influenza"; cosas que pueden ser ciertas, pero te hacen sentir que el Estado te está cuidando mientras que eres un vil esclavo de salario mínimo.

Nuestra gente y nuestros legisladores ven a los drogadictos como víctimas y la culpa se la echan total y plenamente al narcotráfico. El narcotráfico es un negocio ilícito y existe porque hay un mercado; lo curioso es que este mercado no es ilícito: son víctimas.

Resulta obvio que el tráfico de personas y niños para mercado sexual sea un delito, sólo que en este caso, en contraste, el mercado que lo consume también está delinquiendo y, supuestamente, se le castiga con todo el peso de la ley; definitivamente estos clientes sí que deben estar bien enfermos, pero sería un error y hasta peligroso, considerarlos como víctimas.

Para el caso de la piratería de películas, libros o lo que sea, vender y comprar; ambos son delito. ¿Por qué el vender estupefacientes es un delito y comprarlos para consumo no? Después de todo, el objetivo último de cualquier producto es el consumidor final.

A final de cuentas, las adicciones son malas decisiones de quienes la tienen. Todos los adictos son conscientes de lo que están haciendo, de modo que no me vengan con cuentos de que son víctimas. Si el narcotráfico existe, es porque existe el mercado. Si en los Estados Unidos, consideraran delito el ser consumidor de drogas, casi no tuvieran gente en sus calles, pues es el mercado más grande que existe, pero al mismo tiempo dejarían de acusarnos y culparnos por el narcotráfico mexicano, pues este desaparecería.

Buena parte de nuestra población cree en forma absoluta lo que nuestros medios de comunicación informan; ni por error le dejan un pequeño campo a la duda o al escepticismo. Para ejemplo, sólo recuerden lo del "chupacabras". Ahora cuando los informes son oficiales por parte del gobierno, mucha gente, en forma auténtica, cree que estamos en la cúspide y somos la envidia de la América Latina. Otro ejemplo es el hacernos creer que la administración de nuestro petróleo es un lastre, pero no para quien se los están ofreciendo.

Anuncios reiterados miles de veces diciendo que en México tenemos empleos de clase mundial, que tenemos una selección nacional de fútbol que es una de las mejores del mundo, o que vivimos mucho mejor que los griegos en Europa, son ideas que el grueso del colectivo acepta como verdaderas. Todo este bombardeo mediático es principalmente a través de los medios audiovisuales; en los escritos es poco más complicado, pues nuestra sociedad, por lo general, no lee.

A partir de aquí, en lo que me sea posible, cambiaré la tónica de lo que he escrito, y trataré de ser más propositivo, pues de otra manera sonaría como que las cosas no tienen solución.

Un buen inicio sería empezar a hacer lo que debemos y queremos, excepto chingar a los demás. Iniciar una cultura de lo que está bien y está mal, que de alguna forma ya todos lo sabemos, pero no lo llevamos a la práctica. Una cultura de la honradez y la decencia (ya ven que no es necesario ser religioso para ser buena persona); que señalemos y no dejemos en paz a todos aquellos que chingan a los demás; es más: hay que condenarlos a la invisibilidad.

Daré un ejemplo sencillo.

Hay quienes se dedican a rayar bardas (según ellos, es "*graffiti*"); casi siempre son muchachos. El rayar una barda es atentado contra propiedad ajena,

, aunque dé hacia la calle, pues no es propiedad del ayuntamiento. No contamos con una legislación severa contra esto, y de verdad que el tal *graffiti* afean nuestras ciudades. Siempre he pensado que un castigo ejemplar sería atraparlos y azotarlos en la plaza pública, pues creo que la vergüenza es uno de los peores castigos que alguien pueda recibir. Obviamente la Comisión de Derechos Humanos pegaría de gritos, y con justa razón alegaría que es un castigo ejemplar sería atraparlos y azotarlos en la plaza pública, pues creo que la vergüenza es uno de los peores castigos que alguien pueda recibir. Obviamente la Comisión de Derechos Humanos pegaría de gritos, y con justa razón alegaría que es un castigo retrógrado y medieval. Vámonos entonces a un castigo más moderno: Resarcir el daño; que reparen los perjuicios; dejen los muros y paredes como estaban, y que aparezcan en los periódicos como graffiteros. Imagino las reacciones de las mamás de estos supuestos inocentes, pues muchas de ellas son las que defienden a sus angelitos varones, como ya se dijo; luego por qué está la mujer como está. En la nota roja de los periódicos me ha tocado leer que exponen a alguien porque lo sorprendieron en un supermercado robando un gansito marinela y una coca cola; obviamente ese supermercado tiene más poder de acción que la gente común y corriente que les rayan sus bardas.

No soy tan inocente para pensar que fomentar la cultura de la honradez y la decencia vaya a generar cambios muy evidentes en el corto plazo; sé que la reprogramación sería para las generaciones futuras y su efecto tardaría en ser evidente. Creo que con unos cuantos que lean este libro y difundan la idea puede ser un primer paso, pues la mayoría de nuestros compatriotas ya están mal programados (Por no decir muy mal educados).

Tendríamos que ver y evaluar las consecuencias naturales de esta medida al mediano plazo; quienes no crean mucho en tales medidas, echen un vistazo al pueblo alemán y, si pueden, quédense a vivir un rato allá. En pocas palabras: ¡Dejen de chingar a los demás!

En México los funcionarios públicos son fuertemente criticados. Se les critica que son unos idiotas (los que votaron por ellos deben estar muy bien representados); que es injusto los salarios que prácticamente se autoaplican; que echan mano del erario para ellos mismos; que son traficantes de influencias, etc.

Se comenta que en la India, cuando va a haber una exposición, seminario o taller de tipo tecnocientífico, buena parte de niños y jóvenes acuden a los mismos, pues se argumenta que para ellos representa que el dominar algunos de esos campos, es una salida razonable de la pobreza.

En México, la política no es otra cosa que un gran negocio; de hecho, cuando los funcionarios de alto nivel terminan sus periodos, prácticamente se han convertido en "señores". La población tiende a creer que todo lo que sacan nuestros funcionarios es lo que tiene en la ruina a nuestro país; desde sus salarios, aguinaldos, bonos, y desde luego otros extras.

La realidad es otra.

No existe ningún candidato que gane una elección, que no esté apoyado por el interés de unos cuantos con poder económico inmenso; estos pueden ser desde cámaras de comercio, sectores empresariales, transnacionales, etc.

En lo personal, nunca llego a conocer realmente a ningún candidato; no sé quienes son, de dónde vienen, qué hacen, qué han hecho, y aunque se corran rumores siniestros en sus curricula, si cuentan con la ayuda de los poderes que acabo de mencionar, de todos modos van a ganar.

Hace mucho que dejó de preocuparme quien gana o quien pierde elecciones; de hecho, si analizo a cada candidato con respecto a lo dicho anteriormente, puedo predecir con altas probabilidades de no equivocarme, por consecuencia natural, quien va a ganar. No puedo estar seguro si hay algún lugar en el mundo en el que los funcionarios no tengan que recibir lineamientos de poderes que van más allá de sus posibilidades; la democracia representativa puede prestarse a tales acciones.

Dentro de nuestra población, la gente que participa en política lo hace para evitar ser pobre, de la misma manera que los jóvenes hindúes se aplican en las ciencias para el mismo fin. A este sector de nuestra población pues qué más le va a quedar; muchos de ellos ni siquiera saben leer. Percibo, que hasta cierto punto, se nos permite hablar mal de ellos, pues son el frente de batalla contra el verdadero poder; este, jamás va a dar la cara; para eso tienen a sus subalternos, y así los funcionarios públicos se convierten en auténticos distractores dentro de las noticias.

La discriminación es pan de todos los días; las mujeres aún tienen serias desventajas en lo laboral; algunas logran escalar contra corriente , y otras chingando a los demás; otras pagando un precio muy alto para lograrlo.

Recuerdo el caso de Rosario Robles (ex Jefa de Gobierno de la Cd. De México), respecto al escándalo por su relación sentimental con cierto personaje, igualmente conocido.; su propio partido la hizo trizas. Estoy seguro que si ella no hubiese sido mujer, hasta se lo festejan, pues cosas peores se han ventilado en casos parecidos con funcionarios masculinos, pero a estos no les pasa nada. No obstante, en nuestro país, una mujer que cometa un error, puede pagarlo muy caro, y ese precio es dictado principalmente por el género masculino, secundado quizá por dos o tres mujeres más, que nunca faltan.

Rosario Robles tampoco es santo de mi devoción, pero expongo el cómo se cuecen las habas respecto a los géneros. Mientras ese escándalo sucedía, fue un gran distractor y casi *"reallity show"*, y se hizo durar los suficiente hasta que perdió su fuerza distractora de los verdaderos problemas nacionales; desde luego que algo más de mayor importancia tenía que estar sucediendo.

Con respecto a nuestra población nativa americana. En lo personal no estoy de acuerdo en que se les victimice, y mucho menos que ellos mismos se auto-victimicen. No dudo que ventajosos hayan abusado de ellos despojándolos de sus haberes, pero no hay que olvidar que cualquier mexicano si no se pone listo, puede ser despojado

independientemente de pertenecer a alguna etnia en especial. ¿Que son los auténticos dueños de este país? eso es otra historia. Son descendientes de pobladores previos a la conquista, pero en la actualidad eso ya no puede tomarse como justificación para la autovictimización.

Esta población nativa, está conformada por seres humanos igual que los demás. Al menos en teoría, constitucionalmente, tienen los mismos derechos y obligaciones que cualquier otro mexicano.; legalmente no tienen por qué recibir un trato especial sobre el resto de la población; merecen el mismo respeto que todos. No encuentro razones para que se les asignen reservaciones al estilo navajo, para que por su cuenta pongan casinos y tratos especiales.

Lo recomendable sería que esta población se integrase al resto. Por su bien, deben hablar nuestro idioma, pues de otra forma, desde la comunicación quedan excluidos. Tienen la libertad de conservar sus tradiciones, pero no estamos obligados a fomentárselas. Desde mi punto de vista, eso los atrasa más. En la medida que no se integren y se les fomente para que conserven sus usos y costumbres, más se los van a chingar: nunca falta quien.

Al iniciar este libro hago una descripción de cómo y para qué vive la gran mayoría de nuestra gente. No creo que a nivel global sea muy diferente, pues el modelo geoeconómico es más o menos uniforme; con la diferencia que algunos países han logrado mayor desarrollo que otros, pero en esencia viven el mismo agobio, aunque con más comodidad que nosotros

En México, desde mi infancia no he dejado de escuchar que nuestro país está en vías de desarrollo; que es lo mismo decir que somos "tercer mundistas". Lo malo es que son demasiados años ya; esto ya está siendo transgeneracional: esto no puede ser normal. Empiezo a compararlo con el bloqueo comercial que tienen los cubanos.

Considero como mala solución quejarnos de nuestros funcionarios, pues como mencioné anteriormente, representan en buena medida a la gente que votó por ellos; lo que hagan o no hagan, no cambiará el rumbo de nuestras existencias ni de nuestra situación: no ha sucedido en décadas, y no creo que suceda en corto plazo. Si algo no ha funcionado en todo ese tiempo, tenemos que buscar otro tipo de solución.

Armar una revolución armada sería una gran estupidez, y luego expondré el por qué.

Desde que vamos creciendo nos machacan mentalmente el orgullo de nuestras tradiciones; la lista de estas (que son demasiadas), ya se las dejo a ustedes, pero una de ellas, y de las más macabras es precisamente chingar.

Esta última tradición, más todas las que se le puedan ocurrir, no nos ha llevado a buenos resultados; entonces, ¿por qué aferrarse a ellas? Si iniciamos por hablar, leer y comportarnos correctamente, podremos comprender e interpretar correctamente cualquier mensaje, y no habría necesidad extrema de cuidarse uno de otros (sé que se oye cursi todo esto).

No tomemos como normal, ni toleremos que nuestros jóvenes hablen, escriban y lean incorrectamente; la norma debe ser lo opuesto. No tome como normal tirar basura donde no se debe y no mejorar su entorno. Analice que la vida de esclavo que lleva no es normal.

Estas son algunas de las cosas con las que tendríamos que empezar. El camino es largo y, los resultados son de mediano plazo, pues lo que estamos preparando es a la siguiente generación. Acostumbre a sus hijos a cosas buenas, buena vida, tranquilidad razonable, a la cultura, el conocimiento, deportes, desarrollo de habilidades de todo tipo, idiomas. Hágales comprender que todo requiere tiempo, esfuerzo, trabajo, pero que hay tiempo para los buenos ratos y el esparcimiento; todo esto en la medida que les sea posible. Entiendo que nada de lo que expongo es fácil, pero podría verse que si nos deshacemos de nuestros malos hábitos, la próxima generación (aproximadamente en menos de doce años), no votará por imbéciles, y exigirán lo que les corresponde y transformarán nuestro país para bien.

La sugerencia la hago para las próximas generaciones, pues usted, lector ya adulto, muy probablemente ya esté echado a perder con todo el sesgo de la educación que le tocó, (Yo, safo, no me incluyo).

Nuestra Historia Nacional

Desde que recuerdo, las clases de historia en la primaria, en mi mente infantil no lograba definir si Hernán Cortés era un héroe o un villano. Creía que los aztecas representaban toda nuestra mexicanidad; que Porfirio Díaz era sólo un ojete aferrado al poder hasta que se inició la Revolución Mexicana; que la Revolución Mexicana y todo lo que viene de ella era lo mejor que nos podía haber sucedido y que por eso estamos en la cúspide de nuestra prosperidad (No se rían, muchos de ustedes aún así lo ven).

He leído varios textos de historia, pero hay un autor mexicano en especial que expone nuestra historia como un generador de traumas psicomentales a nivel colectivo. Este, expone la situación actual de los mexicanos como consecuencia del gusto de nuestra gente de justificarse auto victimizándose, evocando nuestra supuesta historia.

Su nombre es Juan Miguel Zunzunegui; lo recomiendo ampliamente. Espero que no quiera cobrarme regalías por tomarlo como referencia, aunque tal vez el tendría que pagarme por promocionarlo. Es probable que él esté exponiendo lo mismo que yo, sólo que lo hace a través de la historia y yo, en cuanto de chingar se trata; esto quizá es también consecuencia de la historia. De cualquier forma, en mucho de lo que sigue, lo tomaré como referencia, aunque hay otros más y muy buenos.

De las primeras expresiones de auto victimización es: "Si los españoles no hubieran llegado a chingar a nuestra gente mexicana, nuestra historia sería diferente". A la llegada de Cortés a esta área geográfica, México no existía; los aztecas no eran los únicos habitantes y, hasta donde sabemos, no eran muy buena onda con sus vecinos.

No es bueno ni correcto caracterizar nuestra mexicanidad con base a los aztecas; ellos únicamente habitaban las áreas que actualmente corresponde al Distrito Federal y sus alrededores. No escribiré de toda la historia. Este no es un libro de texto de historia; para eso les recomendé al autor previo.

Después de la conquista, en lo que ahora es México, y otros territorios, se constituyó La Nueva España (¿Se dan cuenta que todavía no se llamaba México?); después viene el movimiento de independencia; luego, a través del triunfo de Agustín de Iturbide, se constituye el territorio como Primer Imperio Mexicano en 1821. Entonces, España no conquistó México, sino a los americanos nativos; México no existía como país, ni imperio, reino ni nada, pero la conquista de estos territorios, sí dio pauta para conformar lo que actualmente es México.

Muchos Mexicanos reniegan de las raíces españolas como una de las peores herencias que pudiéramos tener, pero al mismo tiempo se aferra en forma enfermiza a las mismas. Desde mi punto de observación, el fenotipo de nuestros compatriotas, en su gran mayoría en la zona norte pasa por españoles (Solo véanse en el espejo), y en el centro y sur del país hay más rasgos de nativos americanos. Buena parte de la población nativa fue mermada por la viruela traída por los europeos; ni siquiera fueron las armas, por lo que la sobrevaloración del mestizaje deja mucho que pensar. Nuestro idioma oficial es el Español; si tanto reniegan de los españoles, ¿por qué no cambiamos el idioma al Náhuatl, aunque ni nos parezcamos mucho a los aztecas?

Una de las principales armas de conquista fue el cristianismo; si tanto se reniega de los españoles, ¿por qué no se sacuden el cristianismo o su adoración a la supuesta y auténtica mexicana Virgen de Guadalupe?, la caul fue traída por Cortés desde el Valle de Guadalupe, Cáceres, España (Muchos ni siquiera cuestionan por qué se llama así), pues él era devoto de la misma.

Platicando con Españoles, no deja de causarme gracia cuando pretenden vernos como extremadamente diferente a ellos.

Es probable que repita esto varias veces, pero si nuestra realidad actual la vamos a justificar por la supuesta mala herencia española, ya la llevamos de perder. Empecemos por aceptar nuestra realidad y lo que somos. En nuestra situación actual tiene más que ver lo que somos, que lo que hicieron los españoles durante la conquista; deje de aceptar las mentiras como ciertas con las que nos hacen crecer.

Como mencioné desde el principio, que los mexicanos somos altamente solidarios; no es cierto: De serlo, este país sería otro. Aceptemos que el nivel psicocultural de la gran mayoría, casi raya en la estupidez, pues ¿Cómo se explica la pobreza de la mayor parte de la población siendo un país extremadamente rico?

Por expresarme de esta forma, mucha gente ha dicho que soy antipatriota, que no quiero a México, y mucho menos a los mexicanos; nada más alejado de la realidad, pero no expresarlo es como tolerar la indolencia e irresponsabilidad de nuestros compatriotas. Estos prefieren cómodamente culpar a nuestros funcionarios (que representan muy bien a sus electores), al imperio que tenemos como vecinos o a la situación mundial, etc. Estos, en forma irresponsables, aceptan literalmente ser esclavos de sueldos bajos, del mal vivir y mal comer; no se diga mal educarse. No dudo que el tratar de autoeducarse lo vean como un acto de vanidad.

Se proclama el año 1810 como el año de inicio de nuestra independencia de España. En ese año España estaba gobernada por José I, hermano de Napoleón: entonces la interpretación de independencia contra España es dudosa, pues parece que con la situación bélica y política en la península ibérica, lo que menos le interesaba a José I, era lo que sucedía en la España Americana. Tal parece que la independencia de la Nueva España se dio por "*default*".

En el grito de Dolores, Hidalgo gritó a favor de Fernando VII, pues lo consideraba su rey. La guerra de independencia con todos los protagonistas que ustedes ya conocen, y que curiosamente nos los exponen como héroes, no fue tanto contra el ejército español remanente en la Nueva España, sino que fue una matanza entre ellos mismos para ver quien se

En el grito de Dolores, Hidalgo gritó a favor de Fernando VII, pues lo consideraba su rey. La guerra de independencia con todos los protagonistas que ustedes ya conocen, y que curiosamente nos los exponen como héroes, no fue tanto contra el ejército español remanente en la Nueva España, sino que fue una matanza entre ellos mismos para ver quien se quedaba con el poder; en pocas palabras, haber quien se chingaba a quien, y lo peor es que fue a muerte.

El inicio de la Revolución Mexicana no es muy diferente de la supuesta guerra de independencia. En cualquier definición de la palabra revolución, siempre esta implícita la palabra "cambio". Cuando Francisco I. Madero, junto con Aquiles Serdán, iniciaron el movimiento armado, Porfirio Díaz decidió renunciar al poder; de hecho su renuncia fue firmada, ni siquiera fue a través de las armas; voluntariamente se exilió del país. El trayecto de México a Veracruz no es tan largo como para no haber podido impedir que saliera del país, de modo que obviamente no salió huyendo, y mucho menos se sale huyendo en tren.

Si el objetivo de esta supuesta revolución era crear un cambio que acabara con el régimen porfirista, este también se dio prácticamente por "*default*", y sin casi nada de sangre derramada. Entonces, ¿que pasó después?: pues el héroe Madero fue traicionado y asesinado por Victoriano Huerta; el héroe Zapata por el héroe Carranza; el héroe Carranza por Álvaro Obregón; el héroe Obregón por Calles, y así sucesivamente hubo otras muertes más. Esta lucha a muerte por el poder y que costó muchas vidas, le llamamos revolución mexicana; cuna de nuestro bienestar y prosperidad actual. Desde mi punto de vista, rendir culto a esta supuesta revolución, es rendir culto a un grupo de asesinos. Por más que le busco ética y moralidad a todo esto, no la encuentro.

Mencioné antes, que incitar a un cambio a través de una revolución armada sería una estupidez, las razones han sido expuestas en los renglones anteriores; sólo cambiaríamos a los abusivos actuales, que no crean ni crearán ningún cambio bueno, por otros que tal vez sean peores que los primeros. Como fórmula de solución no ha demostrado buenos resultados, por lo que exhorto que ni lo vean como alternativa. Nuestra historia está plena de detalles, pero sólo expuse un poco que nos permita entender, desde la historia, nuestra situación actual.

¿Cómo podríamos corregir los errores de nuestra historia? pues no aprender de ella, nos condena a repetirla. Olvídese de estar desahogándose contra nuestros funcionarios, es perder totalmente el tiempo. Percátese incluso que hasta cierto punto se nos permite hacerlo.

¿Por qué se da esta permisividad? Porque son el frente de batalla como primeros distractores a favor de los verdaderos poderes; nadie se percata de ellos, ni los vemos, ni se dejarán ver. ¿Qué mejor que sean los mismos funcionaros tales distractores?; estos últimos son sólo títeres con muy buen nivel de vida, y eso es lo que hace que todo mundo se enoje y ofenda.

Cuanto más corrupto sea un funcionario, muy probablemente menos repercusión jurídica habrá hacia el mismo, pues el "*rating*" en los medios genera mas distracción hacia ellos, y menos atención hacia el verdadero poder.

¿Cual es el poder que está detrás de los funcionarios públicos?: el mismo que está cuando son candidatos al puesto que aspiran. Si quiere combatir este poder, condenen a la invisibilidad a los funcionarios públicos; no le preste atención a sus corruptas formas de vida, ya sea que ustedes se enteren por que lo ven, o porque un periodista lo exponga: esto es sólo hacerles ganar "*rating*".
Recuerde que los verdaderos poderes, eso es lo que buscan.

Definitivamente, apague el televisor y la radio. Hay tanto que ver y escuchar por otros medios, que aunque usted no lo crea, los primeros ya no son necesarios. Aprenda a real y auténticamente a leer. Si lee algún periódico, no lea solamente uno, sino de varias corrientes. Tampoco crea todo lo que le expongan, y en lo que sea posible, intente con todas sus fuerzas que su opinión no sea inducida. Dude de todo. Use el internet para un sano esparcimiento y búsqueda de información, con la misma premisa que para los periódicos; no abuse del tiempo dentro del mismo. No sea ojete con la gente que convive y trabaja; sea auténticamente solidario, también con su familia, amigos y vecinos.

Puedo predecir, con altas probabilidades de no equivocarme, lo que sucedería cuando la función pública se percate que son invisibles a la población en general: tratarán de ganar el mayor "*rating*" posible a como dé lugar, pues de esto depende su existencia política, y la forma que lo harán, será haciendo batallas campales entre ellos mismos; dentro de sus propios partidos, y contra otros. Nuestro error sería distraernos con esas batallas, en lugar de dejar que se destruyan. Algunos partidos desaparecerían por falta de votantes; desde luego surgirán otros, pregonando que ellos traen la verdad en su palabra.

Los partidos políticos en México, los comparo a las religiones; lejos de acercar a la gente, la divide. Desde luego tienen a sus sumos sacerdotes, igual que las religiones; estos son, por lo regular, la gentes que le dan creación a los nuevos partidos. Desde luego que también tienen sus rituales, e imágenes de adoración como un logotipo o colores especiales; la fórmula está bien estudiada.

En las próximas elecciones, ni ponga atención a ningún partido político. Esperemos por lo menos seis años para ver cómo educamos a nuestros adolescentes en su transición a adultos jóvenes, y veamos como toman el control de la mugre de país que les estamos dejando; por el momento es lo mejor que podemos hacer por ellos y para ellos. Esta aparente inacción es la que puede, en algo, redimirnos como generación fallida; esta es la forma en la que pienso que se le puede quitar el poder que ostentan los funcionarios sobre la población.

Pero, ¿cómo disminuyes el poder a los que están detrás de ellos? Como dije antes, empiece por apagar la radio y la televisión. En la medida que le sea posible, autoanalice qué potencialidades personales tiene; trate de trabajar para usted mismo; se dice fácil, pero sé que no lo es; más si ya tiene quiebre psicológico y lleva mucho tiempo trabajando donde lo hace.

Aunque le cueste un poco más caro, compre en las tiendas locales cercanas a su casa, pues de esta forma promueve el movimiento de dinero en el área donde vive; si compra en cadenas grandes de supermercados, las ganancias no se quedan ni en su ayuntamiento; no se trague el cuento de que les debemos de estar agradecidos porque son fuentes de trabajo, pues en realidad son centros de esclavitud con salarios bajos.

Para cuestiones de alimentación, observe lo que hay a su alrededor de producción local. Quítese el proceso de enajenación de comprar ropa cara de marca; no hay nada más elegante que su ropa sea hecha por un sastre, de esta forma ya genera movimiento de capital local; Lo mismo se aplica para costureras y modistas. Lo anterior da mucho paso a la creatividad. Si hay una fábrica local de ropa, compre allí; favorézcalos.

Si sus muebles ya están muy feos, retapícelos; tenemos excelentes tapiceros. Acuda a las instituciones públicas de salud, sólo para situaciones graves extremas; para lo demás, acuda a servicios privados; haga que los profesionales compitan en calidad y precio.

Si se siente ofendido con la megaempresa que trabaja por su salario y condiciones generales, no acaudille movimientos de paro o huelga. La autoridad final de las empresas son anónimas; todas son fiscalmente personas morales: no va a saber contra quién está combatiendo. Los gerentes son el homónimo de los funcionarios públicos; el poder no radica en ellos. En cuanto a los sindicatos, ni sus líderes conocen la Ley Federal del Trabajo, y si la conocen no la exponen, pues muchas veces están a favor de sus contratantes, de modo que *de facto*, no puede confiar en ellos: sólo le queda botar el trabajo y trabajar para usted mismo. Cualquier actividad subversiva que lleve a cabo lo colocará en la mira. Lo mejor sería que nadie aceptara las condiciones de trabajo que la gran mayoría de las empresas ofrecen, sobre todo las salariales.

No estoy en contra de las empresas. Todo lo contrario. Promuevo que muchos se hagan empresarios, y que al contratar a alguien no sean ojetes. De lo que se trata es no chingar a los demás. Ejemplificaré un poco todo lo anterior.

Piense en cualquier franquicia transnacional en México. Puede ser Walmart. Costco, etc. Lo que este tipo de empresas venden en nuestro país, no es mucho menor de lo que lo hacen en su país de origen; sin contar que las ganancias no se van a quedar en el estado que usted reside.

El salario mínimo legal en la mayoría de los Estados de nuestro vecino país, es de $7.00 US

Dólares/hora. Esto significa que a sus compatriotas le pagan en un día, lo que a los nuestros en una semana.

Como puede ver, nuestros funcionarios y sindicatos son muy patriotas al aceptar estas condiciones para nuestra gente.

Lo que usted llegue a hacer, hágalo bien; busque la perfección en su actividad; en la medida que le sea posible no improvise un taller mecánico, aprenda y estudie bien mecánica; Lo mismo si es sastre, carpintero, si se dedica a la construcción etc.

Si es un prestador de servicios es lo mismo. Monten bien su negocio. Olviden el concepto de "changarro". Si viven en un área turística, o que potencialmente puede serlo, usen el concepto de impecabilidad. Animen a otros que hagan lo mismo. Si realmente nos volvemos solidarios, nadie se va a morir de hambre. No toleremos que alguien ande mendingando.

Inicié hablando un poco de historia para llegar a todo esto. El proceso de chingar a los demás, es una tradición transgeneracional que tenemos que romper. Lo grave es que el proceso de chingar, a gran escala, lo llevan a cabo sólo unos cuantos. No deja de ser también grave, que la mayoría se deje.

Si criticar a cualquier nivel de gobierno puede ser potencialmente peligroso, aunque hay cierta permisibilidad, criticar al probable poder real lo es mucho más, por eso declaro que si en cierto tiempo, no vuelven a saber algo de mi autoría, es porque probablemente algo grave sucedió. Son pequeños grandes pasos para empezar a cambiar nuestra historia, aunque se escuche cursi y soñador, pero en fin. En el transcurso de lo que reste en este libro iré exponiendo que más pudiéramos hacer

Nuestras leyes.

Tengo amigos, conocidos y familiares que son abogados; después de leer lo que sigue, algunos de ellos no van a querer volver a hablar conmigo. Desafortunadamente, mucho de lo que voy a exponer es cierto.

Tenemos una Constitución escrita, que la mayor parte de los mexicanos ni por error la lee, y frecuentemente me doy cuenta de que ni los abogados tampoco.   También he tenido amigos que han sido diputados, y en estos casos la situación es más grave, pues estos ni sabían que las leyes emanan de nuestra Constitución como punto de partida. Como he dicho hasta el cansancio: Este es un país en el que casi nadie lee nada de nada, mucho menos la constitución.

Al menos en el lugar donde vivo, y no creo que en el resto del país sea diferente, cualquier situación en la que se requiera soporte jurídico, ya sea porque te robaron, asaltaron, te fraudearon, etc., el proceso burocrático es una pesadilla. En primera instancia, te hacen sentir culpable y casi dan a entender que probablemente el daño te lo causaste a ti mismo para perjudicar a otros. Si llevas pruebas de los hechos y demuestras el delito, te alegan que ellos no estaban allí para dar fe; no te hacen válido nada.

En el caso de las mujeres que son víctimas de violación, se les hace pasar por una serie de penurias y humillaciones, aparte del daño que ya se le hizo; no es raro escuchar comentarios, y desgraciadamente de ambos géneros, como: Pues, ¡cómo no la iban a violar?

¡Mira nada más como viste! Ella fue quien provocó lo que le hicieron.

Cualquier persona, así ande casi desnuda en la calle, no hay derecho para que se abuse de ella y, tomando en cuenta el nivel psicocultural general de nuestra gente, si yo fuera mujer, no me expondría tampoco a este tipo de situaciones; La mujer siempre, potencialmente, puede estar amenazada por mentes perversas, que las hay en todos lados. Este mensaje se lo envío sobre a todo a jovencitas que inician la exploración de nuestro mundo.

En mi localidad acaba de suceder un escándalo porque un policía, junto con su hijo y esposa, reclutaban niñas de entre 14 y 18 años para prostitución. Estos sujetos declararon que el perfil que ellos buscaban, eran jovencitas con ánimo alegre, con tendencias alcohólicas y además mostrar evidencias de tener problemas familiares serios.

Muchos de los comentarios en los medios electrónico son en contra de las víctimas. Buena parte del público, en general, se preguntará: ¿Qué sucede con los padres que no están al pendiente de todo esto? La pregunta es razonable hasta cierto punto.

Imagine cuántos hogares hay en México, en el que ambos padres tienen que trabajar jornadas de supuestas ocho hora; habitan madrigueras de interés social, donde el espacio de convivencia es "ad ova"; donde los hijos se van a alimentar de las peores porquerías que venden las tiendas Oxxo (que siempre hay una cerca) con la consecuente desnutrición neuronal. Con el agobio desapercibido de los mismos padres, confían o echan a su suerte que sus hijos no anden en malos pasos; este escenario es frecuente, más de lo que puede notarse; no son casos aislados: esto es una descomposición social; no es natural.

Por otro lado, y aparentemente cambiando de tema, la realidad de los seres humanos, a diferencia de las demás especies, es subjetiva. Las leyes de cualquier país sobre la tierra, son un invento escrito y subjetivo por parte de nuestra especie; Somos la única que dicta leyes.

Desde el punto de vista ético, ¿quién puede definir lo que es correcto y no?, ¿lo que es conveniente para una parte u otra? El mismo argumento lo podemos aplicar para los derechos humanos; a fin de cuentas también es un invento humano. De cualquier modo, las leyes hacen que haya cierto orden dentro de la sociedad, aunque no necesariamente es pareja para todos.

Actualmente, cuando el imperio (léase USA), quiere intervenir contra cualquier país, el primer argumento que enarbola son los derechos humanos, aunque no cuestione lo mismo para los aliados que se portan bien con ellos como Arabia Saudita. Claro que todo esto es entendiendo lo que son los derechos humanos, pero hasta el momento, en lo personal, no me queda muy claro.

Algo que puedo dar por sentado, es que el derecho a la salud es uno de los más elementales en la humanidad, sin embargo en el imperio no está garantizado. Si no cuentas con una cobertura a través de un seguro de gastos médicos, ya sea porque no lo puedes pagar o, peor aún, porque no eres elegible para tenerlo porque tienes antecedentes patológicos previos, puedes morir peor que un perro callejero del tercer mundo, porque eso sí: hay que reconocer que las mascotas son muy bien atendidas en su tierra (que no estoy en contra de eso).

Hasta lo que he leído en nuestra Constitución Política, la salud está garantizada; en el papel, desde luego, en la práctica es otra cosa. Ocasionalmente se hacen reformas a la Constitución, cuando ni siquiera hemos visto si los estatutos previos funcionan, si los echamos a andar.

Hay muchas cosas garantizadas escritas en la Constitución, como el derecho al trabajo bien remunerado, la vivienda, etc. La Constitución es, a final de cuentas, los mejores deseos e intenciones para la gente. La gente que envía dinero del exterior hace un gran esfuerzo estando fuera del país; vuelvo a preguntar: ¿Qué estamos haciendo la gente que vivimos aquí para los demás?

Existe la propuesta de la acción política como oficio. La Constitución es clara y establece que la función pública es un puesto honorífico, por lo tanto, no es simplemente una "chamba", sino que da a entender que el otorgamiento de un puesto público es un honor hacia alguien que va a servir a la nación; no obstante, ya sabemos lo primero que cabildean los diputados al iniciar su gestión: ¡Cuánto se van a pagar!

Estos puestos no tienen sueldo, sino una compensación; imaginen si lo convertimos en oficio, de por sí, ya se eternizan de un puesto a otro. Por otro lado, si los puestos públicos de elección se convierten, de hecho, en puestos honoríficos, me pregunto si la gente que vive actualmente de la política, querrá "servir a la nación" en estas condiciones.

Como generación, no podremos resolver todo lo anterior en corto plazo; la tarea tendrán que hacerla nuestros hijos y nietos, por eso es importante empezar a acabar con la estupidez colectiva. ¡Que pesadilla estamos heredando! Pero el daño ya está hecho.

Platicando de todo un poco

Considerando todo lo que he escrito hasta aquí, cualquier psicólogo podría decir que es un reflejo de mi personalidad. Casi todos los libros son reflejos de sus autores, y por ninguna razón me considero la excepción. Muchos verán mis apreciaciones como amargas, a otros les causará gracia y a otros más, una completa indiferencia.

Para los que opinen que mis observaciones son amargas, haré mención de las cosas que me hacen feliz, a pesar de todo.

Aunque viva en el tercer mundo, reconozco que estamos en una época que la mayor parte de la humanidad, en el pasado, jamás hubiera imaginado. En todas las épocas ha habido gente excepcionalmente brillante que probablemente sí lo imaginó, pero lamentablemente no les tocó vivirlo y, pese a que la mayor parte de la población mundial, vive dentro del agobio de sus diarias existencias, existe una gran diferencia en la vida actual en relación a siglos pasados.

Los productos de consumo diario, que los consideramos como normales, en otros tiempos hubieran sido impensables. Por ejemplo; el simple hecho de tomar un café, pan tostado y huevos por las mañanas. Por principio de cuentas, nosotros, en lo particular, no tenemos que sembrar ni cosechar el café y mucho menos tostarlo y molerlo, sólo lo preparamos y lo bebemos. Respecto al pan, lo mismo; no sembramos, cosechamos, molemos el trigo, amasamos y horneamos, sólo lo tostamos y ya. Con relación a los huevos; ni gallinero es necesario tener, mucho menos alimentar gallinas y limpiar gallineros.

En la época feudal, si eras el duque, el príncipe o, mejor aún, el rey, tener un desayuno así de sencillo, significaba trabajo duro y tiempo de muchas personas detrás de estos alimentos; casi todos ellos dedicados a la agricultura y ganadería, a excepción del panadero, pero aún así, este último también tenía que buscar la leña y supervisar la construcción del horno, aparte de amasar y otras cosas más. En la actualidad no es muy diferente el proceso; la diferencia es que no necesitas ser el duque, el príncipe o el rey.

Hace menos de doscientos años cerca del 90% de la población mundial se dedicaba a la agricultura y a la ganadería; actualmente, a nivel global, esta actividad la lleva no más del 2%.

La humanidad jamás en su historia ha logrado producir tanto alimento como en la actualidad; aún así hay hambrunas en algunas partes del planeta y en algunos sectores sociales de muchos países. No entraré en detalles de por qué, pero existe la especulación alimentaría y muchas veces se tiran al mar productos alimenticios o se queman para controlar su precio (No me vengan con cuentos respecto a los Derechos Humanos).

Sin embargo, detrás del desayuno que acabo de mencionar, hay muchísimas más personas involucradas que no son ganaderos ni agricultores; estos van desde ingenieros, hasta gente de ciencia que interviene para los procesos de cultivo y crianza de animales comestibles; además del diseño de máquinas y equipos de programación para la automatización de estos procesos. Otros más están involucrados en el empaque, refrigeración, almacenamiento y

Sin embargo, detrás del desayuno que acabo de mencionar, hay muchísimas más personas involucradas que no son ganaderos ni agricultores; estos van desde ingenieros, hasta gente de ciencia que interviene para los procesos de cultivo y crianza de animales comestibles; además del diseño de máquinas y equipos de programación para la automatización de estos procesos. Otros más están involucrados en el empaque, refrigeración, almacenamiento y transportación de los productos, intermediación comercial, mercadeo, especuladores en el mercado, etc.

Será muy raro que alguno de nosotros nos detengamos para reflexionar sobre el número de gente que está detrás de cada desayuno, almuerzo o cena. Todas las personas que no nos dedicamos en forma directa a la agricultura, ganadería o pesca (en cualquier modalidad), nos dedicamos a la transformación de productos primarios, (los que sean),o a servicios profesionales y/o técnicos de atención directa como maestros, médicos, abogados, contadores, mecánicos, plomeros, fotógrafos y otros.

Después de la Revolución Industrial, surgió la necesidad de nuevos nichos laborales como los que acabo de mencionar. En algún texto leí que la colectividad humana funciona con base a realidades subjetivas; estas son inventadas por la misma humanidad, como las religiones, leyes, conceptos de países, democracia, libertad, derechos humanos, dinero, economía, personas morales y otras más, y estas realidades subjetivas es lo que hace que la colectividad humana funcione como lo hace.

Para ejemplificar: suponga que acude con un médico y éste le ofrece una solución quirúrgica a su problema. Decide arriesgar su existencia con base a ciertas realidades que son extremadamente subjetivas; estas pueden ser las siguientes: Le va a cobrar una pequeña fortuna y, al igual que usted, mucha gente piensa que si cobra esa cantidad, es porque se trata de un cirujano excepcional, además que proyecta una imagen de pulcritud y probablemente habla en forma pausada, con un tono académico y reconfortante, casi como si fuera un gran catedrático; su consultorio está lleno de lujos y no se diga el vehículo en el que se transporta. Puede usted saber que a su médico algunos casos se le han complicado e, incluso algunos pacientes han muerto, pero aun así, lo racionaliza de la siguiente manera: son tan delicados algunos casos, que lo buscan por ser el mejor, entonces es normal que, en ciertas ocasiones, no logren resolverse.

Otra razón por la que decide confiar, es por la acreditación profesional. Su médico ostenta un título universitario, cédula profesional y un registro de especialidad, esto sin contar con los diplomas que tapizan la pared a espalda del médico y que usted puede ver cuando se sienta frente al escritorio de su especialista: Todo un culto a su megalomanía.

No hay manera fácil de saber qué tan bueno o malo fue como estudiante; ni siquiera sabemos si realmente sabe leer correctamente. La gente, en general, no sabe que muchos de los diplomas que tapizan los consultorios, en su mayor parte, el médico únicamente requiere inscribirse en los congresos y firmar asistencia, sin necesidad de asistir obligadamente en ellos; Tales congresos casi siempre se aprovechan como vacaciones.

Continuando, y en base a las realidades subjetivas en este caso, usted no sabe casi nada de su anestesiólogo, primer ayudante, instrumentista y mucho menos del personal de enfermería de apoyo en el quirófano; tampoco de las certificaciones de los equipos que van a usarse, ni del mismo quirófano en sí. Usted confía en todo con base a una serie de realidades subjetivas que las maneja en su inconsciente y subconsciente.

Todo esto es igual cuando abordamos un avión para partir de un punto A y arribar a un punto B. No conocemos a la tripulación del avión, mucho menos a los técnicos que revisan el "*check list*" mecánico, previo al despegue; tampoco en qué consiste la tecnología con que está diseñada las toneladas que están a punto de elevarse en el aire. Confiamos que todas las realidades subjetivas (reglamentos, manuales, leyes, etc) regulan todo para que funcione en forma óptima.

Por increíble que parezca, todas estas realidades subjetivas, hacen que funcionen muchas cosas. Desde luego, que como son realidades creadas por el hombre, no son perfectas, sin embargo, hacen que funcione.

No es necesario que la gente se conozca en forma directa para interactuar entre sí. Cuando consumimos algo o solicitamos un servicio, realmente estamos interactuando directa e indirectamente con demasiada gente, sin aparentemente percibirlo. Una de las maravillas de la época actual, que cualquier adolescente lo ve como cotidiano, es el desplazamiento; mucha gente, hace no más de quinientos años, difícilmente se desplazaba a mas de 500 kilómetros a la redonda durante toda su existencia, y hoy vemos que para muchas personas es normal desplazarse distancias superiores a 100 kilómetros al día, sólo para ir y venir a sus trabajos.

¿Qué decir de las comunicaciones? Cuando tenía 8 años de edad, en la fantasía, sólo tenían teléfonos móviles Batman y el Avispón Verde, que aunque pegados a sus vehículos, lo veíamos como una maravilla. En el momento actual, cualquier niño trae un teléfono móvil en su mochila escolar, y en su mente infantil cree que siempre han existido.

Me faltarían páginas para describir nuestra era en relación al pasado; hay muchas cosas más. Un hecho relevante es que el mayor porcentaje de los genios que han existido en la humanidad, viven actualmente, y todos parecen no percatarse de este hecho.

Aunque vivamos en el tercer mundo, sólo eche un vistazo a su alrededor; difícilmente, (a menos que esté en el desierto o nadando en medio del océano) no va a ver un dispositivo que no esté relacionado con ondas electromagnéticas: Televisiones, teléfonos, computadoras, cajeros automáticos, terminales de cobro con tarjetas, controles remotos, cámaras de vigilancia, etc, sin mencionar además, los electrodomésticos, que nos evaden ir a lavar ropa al río, automóviles, trenes y aviones que nos evitan tener y mantener un establo de caballos.

A final de cuentas, todas estas cosas son productos de consumo que inevitablemente son parte de nuestra vida diaria, y hacen que las economías y mercados globales se muevan. Ni por error piensen que estoy en contra de todo esto; de hecho se me hace fantástico el poder escribir estas observaciones a través de un procesador de textos y publicarlo a través del Internet.

Lo que acabo de describir, y muchas cosas más que existen, es gracias al cúmulo e interrelación del conocimiento colectivo. En proporción al grueso de la humanidad, sólo a través de unas cuantas mentes brillantes se ha logrado integrar, en forma práctica, el conocimiento hacia nuestras vidas diarias. En México, al igual que a otros países, tenemos al alcance productos de consumo, pero en forma de enajenación. Todos estos productos son como una especie de morfina social, de la cual no nos espabilamos.

Estar en contra de estos productos sería como estar en contra de nuestro tiempo, pues la verdad es que nos hacen más fácil la vida en muchos aspectos; de hecho, el conocimiento actual hace que vivamos más tiempo que en décadas anteriores, pese a los potenciales venenos que nos venden en centros de servicios pegados a las gasolinerías y que producen desnutrición neuronal.

El precio de todos estos beneficios del conocimiento colectivo global en México, y en el resto del tercer mundo, es el agobio de las más de ocho horas de esclavismo (perdón, de trabajo) y la inducción a la estupidez colectiva.

Mientras México, no sea un auténtico promotor en ciencias para un buen sector de su población, principalmente jóvenes, jamás podrá desarrollar tecnologías propias; las pocas que logren desarrollarse se irán al extranjero. Mientras en México, la administración de la pobreza siga siendo negocio de unos cuantos, que es allí donde reside actualmente el verdadero poder, no hay alternativa.

En nuestro tiempo y país, definitivamente hay muchas cosas buenas. La gran mayoría de las muertes al año por la violencia criminal no se deben a las guerras; sé que esta mortandad no se justifica y que no es mejor que la guerra como causa, pero actualmente esta última es superada por el crimen a mano armada y los accidentes.

Desde mi perspectiva, no juzgo que la humanidad esté peor que antes; de hecho, si aún hay cosas malas, la humanidad está en un proceso de cambio, cuya tendencia es el esfuerzo colectivo real: Ni que fuéramos hormigas, me dijo un amigo al comentar esto.

Este esfuerzo, como ejemplo, lo veo en el desarrollo de lo técnico y lo científico; Este logra vencer las barreras de las líneas imaginarias divisorias de los países, de no ser así, no veríamos cooperación en desarrollo de tecnologías e investigación como en proyectos espaciales entre Rusos y Estadounidenses, así como entre otros países más. Las personas nos comunicamos mucho más. Muchos mantenemos nuestras posiciones como las correctas y, con el tiempo, si se nos demuestra que estamos mal, terminamos aceptando el error, aunque no siempre suceda así.

Los prejuicios raciales aún existen, pero si reviso crónicas anteriores, aunque el racismo aún exista, al menos es más funcional; por el momento lo veo como una transición hacia algo mejor. Aunque no lo crea, la gente es cada vez menos racista, pues vienen generaciones nuevas con otra visión.

Considero el siglo XX como uno de los mejores en la historia de la humanidad.

Algunos no estarán de acuerdo conmigo por los antecedentes de las dos sangrientas guerras que se desarrollaron; tampoco estoy de acuerdo en creer que sin estas guerras no hubiésemos avanzado en la tecnología aeroespacial, en la medicina o la computación. Esto por mencionar unos cuantos ejemplos.

Mi manera de ver las cosas, es que estas tecnologías, de cualquier forma se hubieran desarrollado, aún sin las guerras, pues es una tendencia natural el desarrollo dada la curiosidad humana la cual, en corto tiempo, se vuelve exponencial. Como referencia tenemos que el *sapiens* por cerca de doscientos mil años, no desarrolló gran cosa. En un inicio los cambios eran poco apreciables; en nuestra actualidad es diferente.

En la tercera parte del final del siglo XX, nuestra generación ha sido testigo de eventos jamás vistos en la historia de la humanidad; Espero que en el futuro esta sea recordada como testigo del inicio de grandes cambios y, no como el inicio de nuestra perdición.: me inclino a pensar que va a ser por lo primero.

Si quiere tener una cierta habilidad en cuanto a la predicción de cómo vamos a estar en México y en el mundo en un futuro a mediano plazo, sólo piense en las consecuencias naturales aplicables a masas, no a individuos. Todo con base a nuestra realidad actual. Estas predicciones, desde luego, siempre serán una gama de varias posibilidades; habrá que echar mano de un poco de matemáticas y estadística al proceso, pero no es nada que sea imposible: si lo ve con calma, quizás es, hasta cierto punto, sencillo.

No estoy seguro de lograr estar vivo para ver los cambios que tanto deseo para mi gente, pero como dije antes, muchos procesos son más rápidos en la actualidad y una de las posibilidades es que los cambios que tanto menciono, se den a nivel global, de la misma manera que la independencia de México y el término del Porfiriato (el resto de la Revolución no lo cuento); se dieron por "*default*", y espero que esos cambios deseables también se den aquí.

El sólo hecho de escribir esto, en otros tiempos, ni por error se me hubiera ocurrido, pues podía haber sido mi condena de muerte.

Volviendo al tema de realidad subjetiva, quiero hablar de uno de los inventos mas relevantes: el dinero.

¿Cuánto vale realmente un dólar amaericano , o su unidad monetaria local?

En México nuestra moneda oficial es el peso.

La principal intención del dinero es como instrumento de intercambio, pues al haber mucha gente poblando el planeta, las necesidades de todos no son uniformes.

Si el dinero no existiera, y usted hace zapatos, no todo mundo querría recibir zapatos como pago para satisfacer cada una de sus propias necesidades.

Actualmente el dinero no solo es un instrumento de intercambio; puede ser una mercancía y, al mismo tiempo, es virtual.

Si usted tiene cinco millones de pesos, y los deposita en cualquier banco, estos inmediatamente se convierten en un solo documento que usted recibe; ese mismo dinero que usted depositó, en cuestión de horas o minutos, se hace polvo en otras transacciones, por lo tanto, el valor del mismo es totalmente virtual, y está sujeto a un sinnúmero de especulaciones.

Para ejemplificar, tratemos de darle valor a un dólar estadounidense en relación al oro.

Al momento de escribir esto, la onza troy cuesta $1225.10 dólares.

Una onza troy equivale a 31.1 gramos. Por lo que cada gramo cuesta $39.39 dólares. Si hacemos una regla de tres, obtenemos que cada dólar equivale a .025 gramos, o 25 microgramos, como se le haga más fácil apreciarlo.

Se puede apreciar que cada dólar, en relación al oro, prácticamente vale nada. Si esto es con el dólar estadounidense, haga las conversiones para el peso mexicano, y la equivalencia se traduce casi en picogramos.

El dinero en forma de billetes o monedas, no lo puede comer ni beber, no se puede vestir ni abrigar con ellos, pero su valor lo respalda una realidad subjetiva.

El valor del dólar lo soporta las condiciones de postguerra impuestas por el país que lo emite. Actualmente, la fuerza del dólar se lo da el hecho de que es la principal divisa que se acepta como instrumento de intercambio a nivel global. Cualquier intento de no querer usar esta divisa como instrumento de intercambio, para muchos países puede ser motivo de excusa para encontrar cualquier razón de declaración de guerra, pues el país que lo emite corre el riesgo de debilitarse en las transacciones internacionales.

Seré mas drástico explicando el valor subjetivo del dinero con el siguiente ejemplo:

Por alguna razón, alguien es colocado en algún lugar en medio del desierto australiano a mas de 5000 km de una sola población a la redonda, y en la cual este personaje no sabe donde se encuentra. Para aumentar el drama, le dejan un maletín con cinco millones de dólares en billetes de cien, además, lo dejan acompañado con un aborigen, cuya posesión mas valiosa para él mismo es un cuchillo, e hipotéticamente, este aborigen tiene cero contaminación de exposición occidental previa; jamás había visto ni conocido a alguien que no fuera aborigen (Me está gustando para argumento de cuento corto)

En cuanto al occidental, en medio de la nada, qué productos o servicios podría comprar; no habría tiempo para evangelizar al aborigen y convencerlo con la subjetividad de que si lo ayuda será premiado con el paraíso después de la muerte; la única posibilidad de supervivencia es que el aborigen tenga la voluntad de ayudarlo. Las posibilidades de muerte para el aborigen son mínimas; este, no olvide que también es un ser humano; conoce el terreno y las características del mismo; sabe donde y como encontrar agua; detecta y reconoce cada una de las huellas que encuentra, y no solo eso; deduce de que son, hacia donde se dirige y cuánto ha transcurrido desde que pasó; reconoce toda la flora; sabe que se puede comer o no; cuales tienen propiedades medicinales. En la noche, reconoce su posición a través de la posición de las estrellas. Sus oídos y olfato están sensibilizados y entrenados para reconocer de que se trata cada olor y sonido.

El aborigen que describo, aclaro que también es hipotético. Desconozco qué tan contaminados o no pueden estar con respecto a nosotros actualmente.

Mas este aborigen que describo, debe tener mucho parecido al *sapien* cazador recolector, que duró así durante casi doscientos mil años; su complexión es casi obligado que tiene que ser ectomórfico o mesomórfico, parecido al de un maratonista o atleta moderno, con una condición y fuerza física que cualquier atleta actual pudiera envidiar. El cúmulo de conocimiento que acabo de describir solo es algo de lo que tenía que saber y haber aprendido durante su desarrollo para fines de supervivencia junto con el resto de los que integran su clan; no podían darse el lujo de que unos supieran una cosa y otros otras, como por ejemplo, tu solo te haces cargo de encender el fuego, el otro de destazar a las presas y yo de cocinar; no creo que eso hubiese funcionado, todos tenían que saber y hacer casi lo mismo. Su realidad era completamente objetiva.

La evidencia de que sus masas encefálicas eran mas grandes que las actuales es irrefutable. El conocimiento del entorno en todos sus detalles no es para despreciarse. Se cree que con el desarrollo de la agricultura y el paso de cazador recolector a relativamente sedentario, se fue reduciendo la necesidad de un conocimiento colectivo uniforme estricto. Recuerde que la actividad agrícola y ganadera no hace mucho que la ejercía mas del 90% de la población, y parece ser que entre el desarrollo de la agricultura y la revolución industrial, dieron creación a nichos para nuevos imbéciles (esta observación y las anteriores lo hace Yubal Noah Harari en su libro *De animales a dioses*), y probablemente eso ha ido reduciendo la necesidad evolutiva de desarrollar masas encefálicas mas grandes (aunque el margen de tiempo se me hace muy corto para este tipo de cambios). El conocimiento global actual supera al de los cazadores recolectores; la diferencia es que el cúmulo de conocimientos de estos era individual, junto con el resto del clan. Actualmente el conocimiento total no es individual, es colectivo, y nuestra realidad, o realidades en su mayor parte son subjetivas.

Volviendo al tema del hombre con el maletín con millones de dólares en medio del desierto junto con el aborigen.

La realidad del aborigen en su propio entorno es completamente objetiva.

La realidad del millonario en el entorno descrito se pierde totalmente. La realidad en ese momento le indica que no es apto para sobrevivir en donde está. ¿Qué valor tiene ese dinero en ese escenario?; solo tiene valor en donde haya realidades subjetivas que compartir con el resto de la manada humana de donde procede.

Si de chingar se trata, inventemos una realidad subjetiva; entre mas falsa mejor. Repitámosla muchas veces hasta que todos se convenzan de que es real; estas pueden ser una nueva religión, un nuevo partido político, una nueva ley o un conjunto de ellas, una persona moral, una fundación con fines aparentemente caritativas, y hay muchas más, que tiempo me faltaría para inventarlas.

Hice mención muy al inicio de este libro, que ser rico es un deseo legítimo; de hecho lo es desde los estándares de las realidades que se nos enseñan como ciertas desde que vamos creciendo.

El dinero no lo tenemos que inventar; circula por todos lados en muchas formas: como efectivo, documento y/o electrónicamente. Desde esta perspectiva, buscamos el dinero como mercancía para cambiarlo por otros objetos que nos reflejen hacia el resto de la manada humana; no es solo supervivencia. Para la mayor parte de la humanidad, la supervivencia ya no es un término cotidiano dentro de sus objetivos, a menos que se viva en áreas con sequías terribles y con hordas desplazándose de un lugar a otro.

No sé, no tengo datos al respecto, ni me imagino como ven la realidad las gentes que viven en pobreza extrema en nuestro país; no sé que tan objetiva o subjetiva es.

Tratando de no salir del tema. ¿Qué realidad objetiva es la que pudiéramos tener como vestigio compartido con los cazadores recolectores?

Creo que es la ciencia.

Mencioné que los cazadores recolectores durante mucho tiempo no dejaron vestigios de muchos cambios ni avances en su forma de vida. Sin embargo, al igual que al aborigen que previamente describí, o algunos Dogones africanos actuales, en base a la observación de huellas y todo el entorno, pueden llegar a muchas conclusiones acertadas.

A mi manera de ver, todo esto es hacer ciencia.

Por ridículo que se oiga, pero llegar a la conclusión que si partimos un barril por la mitad pueden resultar dos tinas, también lo es.

La ciencia no es una "especie" de varita mágica; es tan solo un instrumento, y como tal, es objetivo.

Nuestros niños de 18 años, mayores de edad

Cuando de chingar se trata, no sé en qué o con qué se van a chingar a las generaciones por venir, esto es: a los muchachos de hoy. Menciono esto, porque no dudo que ya estén en funcionamiento los planes para aniquilar toda posibilidad de que piensen por ellos mismos y evitar el riesgo de tener una generación crítica que ponga en entredicho o cuestione el *statu quo*. De esta forma, poder asegurar la continuidad del plan de esclavitud implícito en los "empleos de clase mundial", que se promueven enfáticamente y, por si fuera poco, que los esclavos aún se sientan agradecidos.

Procurando no salir del tema, haré una remembranza de mis mocedades a los diecisiete años de edad. Cualquier lector nacido en la década de los sesenta, probablemente se sienta identificado con la situación.

Cuando contaba diecisiete años de edad, cursaba el último año de bachillerato en el Colegio de Ciencias y Humanidades que, por cierto, hasta la fecha no me queda muy claro qué clase de escuela era o es. Recuerdo que en aquellos tiempos, mi acervo académico en general, probablemente no era muy bueno, pues ahora reconozco que no tenía ni idea de para qué me podría servir.

Era la época de empezar a tomar alcohol de vez en cuando (a veces ni tan de vez en cuando), y participar en los desmanes que conlleva la embriaguez, sin embargo, no pienso ahondar en cuestiones de rebeldía de la adolescencia, ni de sentimientos de incomprensión por parte de los adultos, o de papelitos estilo Hollywood porque, la verdad, en mi caso, junto con otros, lo pasamos muy bien en términos generales, aunque tampoco quiero decir que no hubo problemas que afrontar.

Fue durante el bachillerato que en las materias de Ética y Conocimiento del Hombre (aunque no lo crea, así se llamaba una de nuestra materias), Psicología e Historia Universal, tuvimos maestros que abiertamente manifestaban sus tendencias izquierdistas. Nos hablaron de Marx y Engels, los Rockefellers, la Revolución Industrial, Comunismo, Socialismo, Capitalismo, etc. Recuerdo, que a final de cuentas, en mi caso, no lograba comprender del todo esta temática, no por falta de capacidad, sino que simplemente mis intereses, en ese momento, estaban puestos en otro lado y, tal vez porque mi realidad la percibía como totalmente ajena a esos tópicos. En pocas palabras: mi interés por esos temas era nulo.

Tuve maestros también que eran la contraparte de las ideas de izquierda y prácticamente nos daban a entender que los cubanos y soviéticos comían niños crudos. Leía la revista Selecciones y prácticamente también decían lo mismo. Conversando de esto con compañeros de aquella época, sentí un alivio cuando muchos de ellos confesaron también, que no le hallaban pies ni cabeza a nada de lo que se nos pretendía enseñar con estos cursos. Para fines prácticos, éramos todavía psicomentalmente unos niños. Al parecer, si nuestros resultados académicos en aquella época no eran boyantes, ahora las cosas han empeorado con la manera que se está llevando la educación, y actualmente dudo que estemos en mejores condiciones; al menos en aquella época, recuerdo que podíamos responder a varias de las preguntas generales que expuse en el capítulo sobre nuestra educación y que las generaciones actuales, de plano, no saben nada.

De un día para otro, y de un segundo a otro, si es media noche, cumplimos 18 años de edad y así, de un día para otro y de un segundo a otro, jurídicamente ya somos adultos. ¡Que soberana estupidez! De un día para otro, si un muchacho lleva vida sexual activa con la novia de diecisiete años puede ser acusado de estupro, pero al día siguiente del cumpleaños dieciocho de la muchacha, ya no es posible. Si un joven que cumplió los dieciocho, un determinado día se ve involucrado en un accidente de tráfico y resulta sospechoso de culpabilidad, no se dejará en custodia del tutelar de menores y podrá ser detenido junto con el resto de criminales de cualquier índole, pero apenas unas horas antes, cuando tenía diecisiete, no. La lista puede ampliarse mucho más y además, por si fuera poco, de un día para otro se adquiere el derecho a votar.

No pretendo que todos estén de acuerdo, pero con qué bases psico-culturales, cognitivas y de juicio, un joven de dieciocho años, un día puede tomar una decisión con respecto al voto, pero el día anterior no. Algunos, de entrada, podrán argumentar que los jóvenes no son unos estúpidos; ni digo, ni pienso que lo sean, simplemente son lo que son; unos jóvenes (por no decir, unos niños) que, a juzgar por la educación cívica que actualmente es prácticamente nula, podría asegurar que la gran mayoría carece de criterios históricos, sociológicos, psicológicos y políticos como para tomar decisiones juiciosas y razonables.

Pensando en lo que son, en términos de producto educativo, carecen de conocimientos acerca de los medios económicos y productivos. Sus principales impulsos van dirigidos a satisfacer las necesidades que sus hormonas le demandan como una total novedad. En forma natural, buscan el buen rato y la diversión, (aún son cachorros de humanos). Bajo estas circunstancias, es improbable que los procesos electorales sean una prioridad para ellos; si deciden votar, lo van a hacer igual como lo hace el resto de la familia porque es el patrón a seguir, o lo harán fuertemente influenciados por los medios o los amigos, no mediante un análisis crítico de la política, entonces, la asignación de mayoría de edad, principalmente lo veo con tintes electorales, y malamente jurídico.

En forma natural (dentro de los patrones socialmente modelados), un joven de dieciocho años aún debería estar en fase de formación académica, ética, de exploración en el medio que le rodea e inevitablemente de diversión.

La realidad es que la mayoría de nuestros jóvenes son pobres y muchos se ven obligados a abandonar la escuela desde temprano cuando cursan su educación secundaria y, a veces, incluso, la primaria, para integrarse de alguna forma en el ámbito laboral con el fin de no ser una carga a la familia, o al menos colaborar un poco con ésta.

Considero una completa infamia que a estos jóvenes, con carencias académicas evidentes y golpeados por las circunstancias del modelo económico en que viven, jurídicamente se les asigne ser adultos. El mes de Abril de la juventud de este país, les ha sido robado.

Recuerdo también, que al ser adulto legalmente, tenía la obligación de entrar al sorteo para el servicio militar conforme a la ley, que además era sabido que la cartilla militar supuestamente era necesaria para solicitar diversidad de trámites como titulación, pasaporte, etc., (nunca la necesité en lo absoluto). Me tocó bola blanca, lo que me obligaba a prestar un año de mi existencia durante medio día los sábados; nunca fui. Intenté el mismo proceso cuando tenía veintiocho años, para obtener mi cartilla por aquello de que, por alguna razón, la fuera a necesitar. Me la liberaron en forma inmediata, y aún recuerdo al idiota que me la entregó argumentando que era remiso, y por tal motivo se me consideraba "inútil" a la patria. Cuan idiota es la concepción de los militares que creen que la única utilidad a la patria es la militar y, sobre todo, utilizando jóvenes como carne de cañón. Este principio no creo que difieran de cualesquiera otros países en el mundo.

Aun con todo lo dicho, resulta increíble que dentro de los escombros sociales, surjan mentes brillantes que logran desarrollarse en contra de todas las adversidades. Algunas de estas mentes se desarrollan para bien. Muchos de estos que logran sobresalir, optan por irse de nuestro país; otros generan resentimiento y un mal complejo de superioridad y tienden a repetir el patrón de chingarse a otros. A algunos de estos últimos los vemos como gerentes u ocupando puestos de función pública y, aunque vivan moderadamente bien, se les nota que provienen de un ambiente de pobreza extrema, y lo peor es que sienten un verdadero odio y rechazo a su origen. Actualmente, casi todos nuestros jóvenes están condenados a la esclavitud laboral de este país. Dentro de la estrategia diseñada para chingárselos, ahora cuentan con la oferta para ser sujetos de crédito desde los dieciocho años, para hacerse de una madriguera de interés social.

Nuestros jóvenes, antes de cumplir dieciocho años, ya son expertos en combinar material genético; no por ser unos excelentes ingenieros en Biología Molecular, sino que simplemente se aparean y reproducen. Por sí, la disociación familiar ya es un problema, una familia extremadamente joven (niños) también lo es. Si una familia de niños decide permanecer junta y no cuenta con el soporte del resto de sus familias, además de la falta de preparación académica o técnica para cualquier actividad, están condenados a los empleos cercanos al salario mínimo, esto es: a estar chingados.

Muchas de estas familias, que serán millones, representan un inmenso mercado para desarrolladores y financieras "buena onda" que los querrán "ayudar" a esclavizarse mediante un crédito hipotecario, durante 30 años, para que paguen la madriguera donde vivirán. Este conjunto de madrigueras, serán las cunas multiplicadoras de nuevos nichos de mercado para los "buena onda" que desearán continuar ayudando a los que siguen.

Desde mi óptica, los diseñadores de estos modelos económicos son unos genios; saben perfectamente lo que están haciendo. Sus cálculos están hechos con base al nivel psicocultural y de quiebre emocional de la población, y cuentan, además con el sueldo mínimo como un candado para ejecutar tales maniobras. El costo de las madrigueras lo fijan en un determinado número de salarios mínimos (y esto es por ley). Imaginen, qué pasa cuando en forma gradual y lenta, estos salarios se van incrementando. El resultado es que cuando llevas quince años pagando, resulta que debes lo mismo que cuesta la madriguera, si no es que más.

Por otro lado, tomar como referencia el número de salarios mínimos, hace que se justifique el no subir el valor del trabajo al costo real, argumentando que se está cuidando el bienestar de nuestras familias.

Por si fuera poco, si surgiera un grupo empresarial que tuviera la mejor de las intenciones de pagar cinco veces el valor del salario mínimo (que no lo creo, nuestros empresarios aún son medievales), existe el Instituto Mexicano del Seguro Social (IMSS) que, para fines prácticos, se los impediría, pues para el cobro de las cuotas a los trabajadores curiosamente no toma como referencia los salarios mínimos, sino el sueldo real. Definitivamente, nuestros diseñadores económicos son unos genios. Real y auténticamente deben odiar a nuestra gente. Si esto es así, son unos verdaderos sociópatas. Creo que es tiempo de que no dejemos a su completa suerte a nuestros jóvenes.

Nuestros muchachos, cuando combinan sus materiales genéticos, no es que solamente estén tomando una mala decisión, sino que están siguiendo sus impulsos. Estos impulsos están promovidos, en parte, por los anuncios oficiales, aparentemente inocentes, respecto al control de la natalidad y, por otra parte, debido a la novedad del efecto de sus hormonas.

Sumemos: la actividad de las hormonas, más anuncios como "si tienes actividad sexual, usa condón"; esta última, interpretando el mensaje como sigue: "Si usas condón, no hay problema, no habrá consecuencias", debe dar como resultado que los chicos se vean impelidos a reproducirse, aun cuando no sea esa precisamente su intención. Aceptemos el hecho que desde el punto de vista natural, estos niños ya están en condiciones de procrear, pero eso es el punto de vista biológico; social y psicológicamente, aceptemos igualmente, que no están preparadas para enfrentar la paternidad de la mejor manera: madura y prudente. Claro está que en los tiempos en los que la humanidad era cazadora y recolectora eso era otro cuento, pero esa época ya pasó hace cientos de miles de años.

Tomando en cuenta las característica de nuestra sociedad actual, es difícil exigir cierta responsabilidad respecto a su actividad sexual, menos aún si consideramos el profuso bombardeo por un sinnúmero de inductores como la música, videos, películas, series de televisión, comerciales, revistas, etc, todos con alto contenido sensual y sexual que inducen a la temprana actividad, generalmente irresponsable, de la sexualidad.

Cuando muchos de estos jóvenes llegan a procrear, es común que sus familias los abandonen bajo el argumento de que los chicos tienen que pagar el precio de su mala decisión, o dicho de mejor manera: que deben asumir las consecuencias de sus actos (que insisto, fue más un impulso). En este caso, es frecuente que si el muchacho decide eludir su responsabilidad apartándose de la muchacha el chico será bien recibido de vuelta en su casa, mientras que la joven será condenada, incluso por su propia familia; la mujer continúa pagando las peores consecuencias en nuestro medio.

Cuando digo que no dejemos a nuestros jóvenes completamente a su suerte, me refiero a que no les hagamos pagar un precio extremadamente injusto por lo que consideramos son sus errores. Hasta cierto punto son estúpidos por naturaleza, y no hay que negar que todos pasamos por ese trecho.

Usted que está leyendo esto, piense en que no pertenece al común denominador de nuestra población. No por el contenido de este libro, sino porque el común denominador simplemente no lee nada más allá de los anuncios y avisos diversos. Si es así, procure no repetir lo que malamente los demás hacen. Cuando vea a sus hijos, trate de no sólo verlos a ellos sino más allá: a sus nietos, sobrinos, hijos de sus amigos, a los amigos de sus hijos. Todo lo malo que le pueda suceder a cualquiera de ellos, inevitablemente repercute en todos los demás, por eso no debemos voltear hacia otro lado cuando vemos que algún joven está en serios problemas, pues las consecuencias inmediatas y de mediano plazo son serias. Si un amigo de su hijo tiene problemas de cualquier tipo, como disociación familiar, económico, imposibilidad de seguir estudiando, no lo deje a su suerte; en lo posible intégrelo a su clan familiar y exíjale lo mismo que a los suyos. Si su hija, o una amiga de su hija, cruzan por un embarazo no planeado y es abandonada, no permita que se rindan por este hecho.

Insisto, y no lo digo por decirlo, nuestro pueblo no es altamente solidario; si lo fuera, estaríamos forjando otro tipo de país. Es en los hechos cotidianos donde se manifiesta la solidaridad. El verdadero cuidado, educación y preparación de nuestros jóvenes, no es un tema para abordarlo de manera ligera; un buen inicio es reconocer que dentro del agobio general, previa y macabramente planeado, se les ha abandonado y condenado: todos hemos participado en el proceso. Si el tiempo no nos sobra, y por las condiciones que hemos estado exponiendo, el poco que nos queda, normalmente no se les dedica a ellos; muchos de nuestros jóvenes, aunque vivan en nuestras casas, crecen prácticamente solos.

No pretendo ponerme filosófico, pues de filosofía mi conocimiento es nulo, sin embargo, creo que cada uno de nosotros no poseemos nada más valioso que nuestra propia existencia, sin esta no existe ninguna posibilidad; no hay nada. En cualquier lugar del mundo, cuando se hace una declaración de guerra, sin importarles lo que ésta conlleva, los dirigentes del momento utilizarán a gente joven como carne de cañón, y si estos, en su mayoría son estúpidos, mucho mejor.

Las presuntas justificaciones que se les da a las guerras, generalmente se enmarcan dentro de realidades subjetivas como libertad, democracia, patriotismo, derechos humanos, etc. Lo cierto es que las guerras podrán tener muchas razones, pero ninguna justificación. Finalmente, gente joven es enviada a matar a otros jóvenes, y curiosamente, dentro de esos jóvenes no aparecen hijos de los dirigentes políticos que gestan estas guerras, mucho menos hijos o nietos de la jerarquía militar. Cuan estúpida no será la juventud, que se presta a estas completas y estúpidas aberraciones, y los adultos que permiten que se los lleven.

Si las guerras son aparentemente inevitables, ¿por qué no se legisla a nivel global para que la gente mayor de cincuenta años vayamos al combate? Después de todo ya logramos vivir algo, y muchos aún podemos ser entrenados físicamente para tal fin. ¿Por qué tiene que ser la gente que todavía le falta mucho por vivir? Definitivamente, morir en una guerra combatiendo, es una de las mayores estupideces que alguien pueda decidir; se requiere no estar bien de las facultades mentales (un saludo a los militares). Cuando de chingar se trata, todas las milicias tienen sus buenos ingredientes; chingan a su propia gente y muchas veces a sus propias familias:,¿Qué podemos esperar el resto?

Si quien lee esto, es un joven, no permitas que en un futuro te esclavicen. Vive intensamente y prepárate para el camino de tu existencia, esta es la única que vas a tener. La reencarnación y la vida en el paraíso celestial no existen. Haz de tu existencia tu paraíso. Estudia y comprende el universo que te rodea, y no olvides nunca la existencia de los demás, pues para eso existes.